Meyer-Küng
Die große Küche Italiens

Heidi Meyer-Küng (Hrsg.)

Die große Küche Italiens

Meisterrezepte der besten Restaurants
zwischen Piemont und Sizilien

mit einer Einleitung von Massimo Alberini

Weingarten

CIP-Kurztitelaufnahme der Deutschen Bibliothek

Die große Küche Italiens:

Meisterrezepte d. besten Restaurants zwischen Piemont u. Sizilien / Heidi Meyer-Küng (Hrsg.). Mit e. Einl. von Massimo Alberini. – Weingarten: Kunstverlag Weingarten, 1985.
ISBN 3-8170-0005-7

NE: Meyer-Küng, Heidi [Hrsg.]

Übersetzung: Heidi Meyer-Küng
Satz: Fotosatz F. Riedmayer GmbH, Weingarten
Reproduktion: repro-team gmbh, Weingarten
Gesamtherstellung: Ernst Uhl, Radolfzell
Printed in Germany
ISBN 3-8170-0005-7

Inhalt

Vorwort	11
Die italienische Küche	13
Die Regionen	19
Die italienischen Käse	33
Die italienischen Weine	37
Vorspeisen	43
Salat aus frischen Pfifferlingen	43
Riesenkrevetten mit Trüffel	43
Sardinen süß-sauer	45
Äolischer Meerfrüchtesalat	45
Gratinierte Miesmuscheln	46
Krebse und Artischocken	46
Bagna Caôda	47
Fastenkapaun	47
Salat aus Kalbsbries und Pilzen an Balsamessig	49
Salat aus Kalbsbries, Flußkrebsen und Spargelspitzen	49
Spargel zwischen Blätterteigböden	50
Schnecken in Öl gebacken	50
Schwarze Crostini (Toasts)	52
Florentiner Toast	52
Giampieros Perlen	52
Geröstete Brotscheiben mit schwarzen Trüffeln	53
Salat mit Langhirano-Schinken	53
Omeletts nach Art von Nannina	54
Florentiner Omeletts	54
Salat „La Morra“	56
Käsefondue	56

Pikante Kuchen 57
- Ostertorte 57
- Tortellini-Pastete 58
- Ligurischer Käsefladen 58
- Gebackener Fladen aus Zucchiniblüten 60
- Fritierte Teigtaschen mit Ricotta gefüllt 60

Suppen 61
- Kastaniensuppe 61
- Kürbissuppe 61
- Gemüsesuppe nach Toscanerart 62
- Gemüsesuppe nach altem Rezept 62
- Brennesselsuppe 62
- Suppengericht mit Steinpilzen 64
- Aufgekochte Suppe oder Brotsuppe 64
- Forellencremesuppe 65
- Suppe nach Art des Aostatals 65
- Kuttelsuppe mit Kichererbsen 66
- Frühlingssuppe 66

Teigwaren 69
- Nudeln mit Spargel 69
- Hausgemachte Nudelflecken 70
- Bandnudeln nach Art von Cascia 70
- Rigatoni nach Empoleser Art 70
- Teigwaren mit weißen Bohnen 72
- Teigwaren mit Pesto-Sauce 72
- Grüne Nudeln an Tomatensauce 72
- Rigatoni nach Art von George's 73
- Lasagne aus Kastanienmehl 73
- Spaghetti mit Langusten 74
- Spaghetti nach Fischerinnenart 74
- Spaghetti nach Art von Cascia 74
- Fuhrmanns Spaghetti 75
- Spaghetti in der Tüte 75
- Teigtäschchen nach Art des Hauses 76
- Vegetarische Tortelloni mit Zichorie aus Treviso 76
- Teigtäschchen nach Großmutterart 77
- Gefüllte Teigtäschchen „Romano Felisi" 77
- Riesentortellini mit Nuß-Sauce 78
- Gefüllte Teigrollen Rigoletto 78
- Ravioli mit Seezungenfilets 79

Ravioli als „Harmonie des Appenins“ 80
Riesenravioli mit Füllung aus Kalbfleisch und Kartoffeln 80
Klößchen Marc Chagall 81
Spinatklößchen 81

Reisgerichte 83
Apfelrisotto 83
Erdbeer-Reis 83
Risotto mit Meerfrüchten 84
Mailänder Risotto 84
Schwarzer Risotto mit Tintenfischen 85
Mantecato-Reis 85
Risotto „Tausendundeine Nacht“ 86
Risotto nach Matrosenart 86
Risotto mit Bier 87

Maisgerichte 89
Maisgericht mit weißen Bohnen 89
Polenta 90

Fische und Krustentiere 91
Seebarsch oder Goldbrasse im Ofen geschmort, mit Champignons und schwarzen Oliven 91
Marmorbrasse im Salz 91
Goldbrasse mit Meerfrüchten 92
Fischsuppe nach Elias Rezept 92
Barsch im Tütchen nach Art des Hauses 93
Grillierte Schwertfisch-Rouladen 93
Stockfisch nach Ancona-Art 94
Stockfisch in der Tonform mit weißer Polenta 94
Rote Meerbarben nach Riviera-Art 94
Seezunge in Weißwein 95
Süß-saure Seezungen 95
St. Petersfilet nach Bettys Rezept 96
Rosarote Seeforellen „Bella Stresa“ 96
Forellen in Rotwein geschmort 96
Tintenfische im Töpfchen 97
Bareser Eintopf 97
Scampi nach Carlina-Art 98
Geschmorter Zander 98

Fleischgerichte 101
Kalbskotelett 12 Apostoli 101
Kalbslendchen mit grünem Spargel 102
Kalbshaxen nach Mailänder Art 102
Kotelett nach Mailänder Art 104
Cascianella 104
Gefüllte Kalbfleischrouladen nach Genueser Art 105
Kalbsnierchen mit Pilzen 105
Kalbshirn Timball 106
Innereien nach Turiner Art 106
Ochsenschwanzragout 108
Lammragout mit schwarzen Oliven 108
Lammkeule parfümiert mit Trüffeln 108
Ziegenlamm nach Hausfrauenart 109
Friccó 109
Schmorbraten nach Formia-Art 109
In Rotwein geschmorte Rindskeule 110
Rindfleisch in Wein geschmort 110
Roastbeef nach Savini-Art 112
Gebackene Fleischklößchen 112
Kutteln nach Mailänder Art 113

Geflügel und Wild 115
Hühnerbrüstchen mit Nüssen 115
Hähnchen nach Art von Massimiliano 115
Hähnchen im Pizzateig 116
Huhn in Gelee 116
Kalte Truthenne mit Gelee 117
Truthenne mit Granatäpfeln 117
Vortrefflicher Truthahn nach Rolandos Rezept 118
Truthahn nach Berglerart 118
Fasan nach Art des Hauses 120
Entenbrüstchen mit Rosinen und Rotkohlsalat 120
Nudeln mit Ente 121
Perlhuhn an Pfeffersauce 122
Perlhuhn mit Wirsing 122
Gefüllte Omeletts St. Michele 124
Hase nach Art von Romolo 124
Kaninchen nach Patriarchenart 125
Kaninchen mit Auberginen 125
Rehmedaillons an dunkler Sauce 127

Gemüse 129
Kartoffelpfanne 129
Karolien mit Rosinen und Pinienkerne 129
Ein Auflauf aus Karden 131
Gefüllter Lattich 131
Steinpilze mit Parmesan 132
Gefüllte überbackene Pilze 132
Mit Hirn gefüllte Kohlrabi 133

Saucen 135
Pikante Tomaten-Käsesauce 135
Feinschmeckersauce 135
Genoveser Pesto-Sauce 136
Fleischsauce zu Teigwaren 136
Giocos Kalbsfond 137
Seebarschsauce zu Risotto 137

Desserts und Torten 139
Schneetorte 139
Süße Liebe 139
Coupe Oreste 140
Zitronensorbet 140
Hausgemachtes Vanille-Eis mit Honig 140
Roseneis 141
Mandelkrokant 141
Kastaniencreme nach Annas Rezept 141
Kalte Eierschaumcreme nach Guareschi 142
„Süße gebratene Milch“ 142
Fruchtsalat mit Mascarpone 144
Auberginen an Schokoladensauce 145
Feigen mit Zitronen 145
Pfannkuchen mit frischen Feigen gefüllt 145
Datteln in Honig gebacken 146
Süße Maistorte 146
Mandeltorte 147
Apfeltorte nach Mailänder Art 147
Überbackene Quarktorte 148
Ricottatorte mit Mascarponecreme 148
Panettone Genueser Art 149

Grundrezepte der Herausgeberin 151
Pastateig 151
Tomatensauce 151
Béchamelsauce 152
Fischfond 152
Fleischfond 152
Fleischbrühe 153
Vorbereitung von Muscheln 153

Abbildungsverzeichnis 155
Verzeichnis der Restaurants 157
Register, italienisch 165
Register, deutsch 167

Vorwort

„Die große italienische Küche" – ist das nicht ein Widerspruch in sich selbst? Ist die italienische Küche nicht eine bäuerliche Küche und immer da am besten, wo sie am einfachsten, am ehrlichsten ist?

Die Frage ist nicht ganz so eindeutig zu beantworten, wie es zunächst scheinen möchte. Denn zum einen hat die traditionelle Küche (das zeigt auch Massimo Alberini in seiner Einführung) neben den regional-ländlichen durchaus auch andere, feudale Ursprünge, und zum andern ist die Zubereitung von Speisen, auch wo sie stark in der Tradition verwurzelt ist, immer etwas Lebendiges und daher Wandelbares, das sich wechselndem geographischem, zeitlichem, sozialem Umfeld anpaßt. Vielfach geht es dabei um das „Verfeinern", und das ist gewiß legitim, solange solche Verfeinerung nichts Gekünsteltes, Aufgesetztes, dem Charakter des Rezeptes Fremdes ist, sondern aus der Tradition heraus empfunden und kreiert.

Was ich mit diesem Kochbuch im Sinn habe, ist also weder eine Sammlung „authentischer" alter Rezepte aus Urgroßmutters Küche, noch die Präsentation absolut neuer Kreationen, die keiner landes- oder regional gebundenen Tradition verpflichtet sind, sondern etwas zwischen diesen beiden Extremen, etwas, was Altes und Neues harmonisch vereint.

Seit meiner frühen Kindheit ist mir Italien vertraut und fast ein wenig zur zweiten Heimat geworden. War es in den fünfziger Jahren Sommer für Sommer dasselbe liebenswerte Städtchen an der Riviera, das wir aufsuchten, so kam mit dem Erwachsenwerden bei jedem Italienbesuch ein Stückchen Land und Leute hinzu, und allmählich wurde der ganze italienische Stiefel in kleinen Etappen erforscht und erlebt. Nicht zuletzt, um die langen Winter im Norden mit einem Schuß italienischer Lebensfreude, die sich ja ganz wesentlich im Essen ausdrückt, zu verkürzen, entstand meine Sammlung von über fünfhundert Rezepten führender Restaurants aus sämtlichen Regionen Italiens, aus denen ich für das vorliegende Buch die besten ausgewählt habe.

Aber die Aufgabe, die ich mir selbst gestellt hatte, erwies sich auch als recht mühevoll: Manche Rezepte mußten ihren Urhebern mit aller List und geduldigem Nachfragen entlockt werden. Manche waren kaum leserlich auf Handzettel notiert und nur mit etwelchem Spürsinn zu entziffern, und schließlich wußte auch nicht jeder Koch und jede Köchin mit dem Schreibwerkzeug ebenso gut umzugehen wie mit dem Kochlöffel, so daß nicht wenige es vorzogen, mir ihre Rezepte bei einem Glas Wein mündlich mitzuteilen. Zutaten, Kochzeiten, Zubereitungsarten mußten sorgfältig überprüft und nachvollzogen werden, weil Kochprofis häufiger ihrer Erfahrung und ihrem Gefühl vertrauen als Uhr und Meßbecher. Einige Meister waren auch darunter, die mir ihre gehüteten Rezepte vielleicht am Ende nur anvertrauten, weil die Accademia Italiana della Cucina – in Italien eine hochangesehene Institution, die sich um die Erhaltung der traditionellen italienischen Küche verdient macht – mich mit ihrer Empfehlung für mein geplantes Projekt tatkräftig unterstützt hat. Dafür möchte ich mich an dieser Stelle herzlich bedanken.

Die wirklich gepflegte und dabei ehrliche italienische Küche, die zudem noch auf ein akzeptables Verhältnis zwischen Gebotenem und Preis Wert legt, findet sich selten dort, wo die großen Touristenströme fließen. Die liebenswerten und interessanten kulinarischen Entdeckungen macht man viel eher in den kleineren Städten oder auf dem Land, wo noch mit viel Liebe und Mühe für ein treues Stammpublikum gekocht wird.

Nach welchen Kriterien sind die Rezepte ausgewählt? Wichtigstes Selektionsmerkmal war sicher die Qualität des Rezeptes. Dann spielte auch die Originalität eine Rolle. Spezialitäten einer Region, besonders, wenn sie heute in Vergessenheit geraten sind und nur noch selten gepflegt werden, hatten selbstverständlich Vorrang vor bekannteren. Schließlich sollten die Rezepte ohne große Schwierigkeiten nachvollziehbar sein. Durch diese Auswahlkriterien sind einige Regionen etwas stärker vertreten, andere, wie z.B. der Süden oder Sardinien eher vernachlässigt, weil die Rezepte den gestellten Anforderungen nicht in jeder Hinsicht entsprochen haben.

Erste Voraussetzung, um die vorliegenden Rezepte mit Erfolg auf den Tisch zu bringen, ist sicher die Freude am Kochen. Nicht minder wichtig aber sind frische Zutaten. Gewürzt, fast richtiger wäre zu sagen „parfümiert", wird fast ausschließlich mit Kräutern. Ein eigenes Kräutergärtchen läßt sich auf kleinstem Raum, auf jedem Balkon, ja sogar auf der Fensterbank ziehen – Petersilie darf dabei keinesfalls fehlen.

Dott. Massimo Alberini, der Verfasser des Einführungskapitels, hat sich ein Leben lang mit der italienischen Küche befaßt und darüber Bücher, Zeitschriften- und Zeitungsartikel ohne Zahl verfaßt. Seit vielen Jahren ist er beim Corriere della Sera, der großen Mailänder Tageszeitung, für den gastronomischen Bereich zuständig. Außerdem redigiert er die offizielle Zeitschrift der Accademia Italiana della Cucina. Er gilt in seinem Heimatland als einer der führenden Kenner und Publizisten auf dem Gebiet der traditionellen italienischen Küche. Für seine Mitarbeit und seine zahlreichen wertvollen Hinweise sei ihm an dieser Stelle herzlich gedankt. Mein Dank gilt auch Herrn Ruggiero Boschieri, Generalsekretär der Italienischen Handelskammer in Zürich, der mich ebenfalls mit Rat und Tat unterstützt hat.

Nun kann ich nur noch allen Leserinnen und Lesern viel Spaß beim Ausprobieren und Genießen wünschen.

Die italienische Küche

Mancher Italienfreund glaubt die italienische Küche zu kennen, während sich sein Wissen in Wahrheit auf wenig mehr als einige recht vage gastronomische Begriffe stützen kann, die in die Speisekarten zahlreicher Länder Eingang gefunden haben, wie Spaghetti, Risotto, Pizza, Scampi, Ossobuco und ein paar andere. Der große Koch Escoffier beschreibt in seinem Guide culinaire „risotto à la milanaise" als ein Reisgericht mit Tomaten und Schinken, obgleich das italienische Originalrezept diese Zutaten ausdrücklich ausschließt und als Gewürz Safran vorschreibt. In Amerika sind Spaghetti mit sogenannten „meat balls" (Hackfleischkugeln) verbreitet, eine Verbindung, die auf italienischen Speisekarten kaum vorkommt.
Andererseits kennen auch die Italiener selbst die Küche ihres Landes schlecht. Meistens beschränkt sich ihr Wissen auf die eigene Provinz oder Region, ergänzt durch einige neue, oft wenig überzeugende Rezepte, die in den letzten Jahrzehnten vor allem von Gaststätten ohne gastronomische Tradition entwickelt wurden, um eine Kundschaft anzulocken, die mehr an Neuem und Fremdem interessiert ist, als an Authentischem. Dadurch wird der kultivierte Feinschmecker verwirrt, und es wird ihm erschwert, die vielen hochinteressanten traditionellen Küchen richtig kennenzulernen, die sich in den verschiedenen Regionen Italiens über Jahrhunderte hinweg entwickelt haben.
Wie bei jeder Nation ist auch die Kochkunst Italiens die Frucht zweier grundlegender Elemente: der geografischen Lage und Umwelt zum einen, der wechselvollen Geschichte und wirtschaftlichen Entwicklung zum anderen. Unter dem ersten Gesichtspunkt betrachtet, weist das sogenannte „Bel Paese" enorme Gegensätze aus. Die nach ihrem Hauptfluß benannte Poebene im Norden mit ihrem höchst unangenehmen Klima – heiß und feucht im Sommer, kalt und neblig im Winter – erlaubt wohl den Anbau von Reis und einigen anderen Getreidearten, schließt dagegen die Kultivierung von Zitrusfrüchten und Hartweizen – und nur letzterer eignet sich für die Verarbeitung zu Teigwaren – aus. Diese Produkte gedeihen indes ausgezeichnet im Süden des Landes, wo die Araber vor achthundert Jahren vergeblich den Anbau von Reis und Zuckerrohr versuchten. Ähnliches gilt für das Viehfutter, das in den nördlichen Provinzen üppig gedeiht und damit von jeher die Viehzucht förderte, in Süditalien

jedoch nur spärlich wächst. Solche Faktoren mußten sich maßgebend auf den Geschmack und die Eßgewohnheiten der Bewohner auswirken. So sind Piemonteser, Lombarden und Venezier vorwiegend Reisesser, folglich führen auch viele Gaststätten im Norden mancherlei Arten von Reisgerichten auf ihrer Speisekarte, während Neapel seit dem späten 18. Jahrhundert als die unumstrittene Kapitale der Teigwaren gilt. Die neuen Möglichkeiten der Kommunikation und der daraus entstandene kulturelle Austausch haben allerdings heute auch diese gastronomischen Gegensätze gemildert. Trotzdem: Der interessierte Tourist, für den – nach einem Slogan der *Accademia Italiana della Cucina* – „die Gastronomie zum Landschaftsbild gehört", wird auch heute noch, sofern er sorgfältig auswählt, die Unterschiede und Varianten in den einzelnen Küchen entdecken und dabei viel Vergnügen und Befriedigung empfinden. Voraussetzung dazu ist natürlich, daß er sich nicht darauf versteift, immer nur Spaghetti oder Pizza zu bestellen, egal in welcher Stadt er sich auch immer befindet. Die bewegte Geschichte Italiens, das viele Jahrhunderte lang in Königreiche, Herzogtümer, Republiken und „Legazioni" unterteilt war und immer wieder von Invasionen und Fremdherrschaft heimgesucht wurde, hat ganz entscheidend zur Entwicklung der regionalen Küchen beigetragen, wie wir im Kapitel über die verschiedenen Regionen noch sehen werden. Für den Augenblick wollen wir uns auf eine einzige Feststellung beschränken: Viele italienische Städte, auch kleinere, waren früher einmal Hauptstädte, die den Hof eines Prinzen oder Fürsten beherbergten. An diesen Fürstenhöfen fiel den Köchen eine bedeutende Rolle zu, vor allem bei den großen Festbanketten. Bei solchen Gelegenheiten versuchte wohl jeder dieser „maestri", sich durch die Kreation neuer Gerichte und Varianten Ruhm zu erwerben. Das erklärt denn auch die Existenz der zahlreichen Rezeptbücher, die im goldenen Zeitalter der italienischen Küche, vom 16. bis ins 18. Jahrhundert, erschienen.

Die Mahlzeit „all'italiana"

Wenn wir ein italienisches Kochbuch aus der Renaissance lesen, wie z.B. das Werk von Bartolomeo Scappi, Koch von Papst Pius V. (1570), fragen wir uns ernstlich, wie es die damaligen Tischgenossen fertigbrachten, solche Mengen von Speisen zu verzehren. Die Bankette pflegten viele Stunden zu dauern, wobei sich sogenannte „Kredenzgerichte", eine Vielfalt kalter Speisen, mit den warmen „Küchengerichten" ablösten. Bei besonders großen Anlässen – Hochzeiten, Taufen, Krönungen – setzten sich solche Gastmähler aus Hunderten verschiedener Gerichte zusammen und hatten eher den Charakter eines Schauspiels oder einer Machtdemonstration als eines rein gastronomischen Anlasses. Die Gäste aßen bei solchen Ereignissen zweifellos viel, beschränkten sich dabei jedoch auf einige Schüsseln, die ihnen besonders zusagten oder in Reichweite standen. Die aufgetischten und angebotenen Gerichte waren für den Einzelnen kaum zu überblicken, der Überfluß so groß, daß auch vieles übrig blieb. Diese Reste mußten verwertet werden. Von daher rührt die Sitte der Zubereitung aller möglichen Suppen und Saucen mit Brot-, Fleisch-, Geflügel- und Wildbretstücken. Berühmte Gerichte sind so entstanden wie etwa die „sopa coada" Venetiens (Brotscheiben, die zusammen mit entbeintem Taubenfleisch in einen feuerfesten Topf geschichtet, mit Taubenbrühe übergossen und kurz im Ofen geschmort werden), und von hier kommt sicher auch die Idee, Fleisch fein zu zerhacken und zu Füllungen für kleine Teigtäschchen zu verarbeiten, die heute unter der Bezeichnung „agnolotti" oder „ravioli" jedermann ein Begriff sind.

An gewöhnlichen Tagen aßen, wie Bartolomeo Stefani 1662 bezeugt, auch Personen „von Stand" bescheiden, mehr oder weniger wie heute. Stefani war Koch der Herzöge von Mantua, deren Hof als Schauplatz von Verdis Rigoletto bekannt ist.

Die traditionelle Speisenfolge einer italienischen Mahlzeit hat in den letzten Jahren einigen Wandel erfahren, der grundlegende Aufbau ist sich jedoch gleichgeblieben, vor allem, wenn man in Restaurants speist. Am Familientisch hat sich die Anzahl der Gänge verringert, und immer häufiger begnügt man sich mit einem einzigen Gericht, während nur in wenigen Speiserestaurants an vielbesuchten Touristenorten, vom eiligen Passanten, der wenig Geld ausgeben will, auch Einzelgerichte bestellt werden können. In Restaurants jedoch, die ein gutes Niveau pflegen, vor allem aber in Lokalen, die sich der echten italienischen Küche verpflichtet fühlen, hält man am herkömmlichen Schema der Speisenfolge fest.

Die Essenszeiten variieren von Norden nach Süden, allerdings mit einer zunehmenden Tendenz zur Vereinheitlichung. Das, was man in der gepflegten gastronomischen Ausdrucksweise in Italien „pranzo" nennt, also das Mittagessen, bezeichnen heute viele Restaurants fälschlicherweise in Anlehnung an das Französische mit „colazione" (im Anschluß an das Frühstück „ la piccola colazione"). Mittagessenszeit ist üblicherweise zwischen 12.30 und 14.30 Uhr, der Süden geht eher etwas später zu Tisch.

Ein deutlicher Unterschied zeigt sich am Abend: In Norditalien ißt man zwischen 20 und 21 Uhr, in Rom und den Gebieten weiter südlich eine bis zwei Stunden später. Um dem Touristen entgegenzukommen – und auch dem Italiener, der sich gerne spät zu Tische setzt –, akzeptieren verschiedene Lokale noch Gäste zum Essen bis gegen 23 Uhr, eine Tendenz, die möglicherweise durch die neuen Arbeitsverträge wieder zum Verschwinden gebracht wird.

Üblicherweise bietet der „maître" oder der Kellner dem Gast, sobald dieser Platz genommen hat, die Vorspeise, den „anti pasto" an. Oft handelt es sich dabei um kalte Speisen, eine Reminiszenz an die „Kredenzgerichte" vergangener Zeiten. Kaum fehl geht man dabei mit den typischen italienischen Wurstspezialitäten, wie etwa dem Schinken. Zwei große „Schulen" sind dabei zu unterscheiden, diejenige von Parma (genauer von Langhirano und von Collecchio, zwei Dörfer in der Provinz Parma) und die venezianische mit ihrem Zentrum in San Daniele del Friuli. Der Schinken wird herkömmlicherweise mit Melonen, im Sommer auch mit frischen Feigen serviert. Andere Regionen haben wiederum ihre eigenen Spezialitäten: die Gegend von Venedig die „soppressa", eine dicke, herrlich gewürzte Salamiwurst aus Schweinefleisch, die Lombardei ihre Felino-Salami, die Emilia, die weltweit berühmte Mortadella von

Bologna. Der Katalog ließe sich weiterführen bis zum „capocollo“, dem geräuchten Schweinekamm Süditaliens oder der pikant gewürzten Neapolitanerwurst. Auf einem Servierwagen werden als Vorspeisen auch oft Fischgerichte, Krustentiere oder Muscheln angeboten, alles bereits in Schüsseln angerichtet. Wenn es sich nicht um ein absolut zuverläßiges, dem Gast bekanntes Lokal handelt, ist Vorsicht am Platz. Das gilt auch für die Schüsseln mit kalten Gemüsen: in Öl eingelegte Artischockenherzen, kleine Pilze, verschiedene Gartengemüse, in Essig eingelegte Peperoni u.a.m. Meistens handelt es sich dabei um Industrieprodukte aus der Dose, die keine Bereicherung der Mahlzeit darstellen. Empfehlenswerter sind die eingemachten Oliven, besonders die ganz kleinen schwarzen, die aus dem Hinterland der ligurischen Riviera kommen.
Grundsätzlich empfiehlt es sich, wenn man eine „echte“ italienische Mahlzeit wirklich genießen will, sich beim Essen Zurückhaltung aufzuerlegen. Es zeugt von viel Verständnis und Klugheit, wenn einige Lokale dem Gast die Wartezeit mit einer kleinen Kostprobe einer ihrer Spezialitäten verkürzen, einem winzigen Häppchen, einem Stückchen hausgemachter Leberpastete oder einem oder zwei kleinen Käsetörtchen.
Bei der Beschreibung der italienischen Menüs darf natürlich der „primo“, der sogenannte erste Gang nach dem „antipasto“, nicht fehlen. Es gibt dafür unzählbare Gerichte, deren Grundzutat das Mehl ist, der aber auch die bereits erwähnten „risotti“, die Reisgerichte, umfaßt. Die „primi“ gibt es auf vielerlei Arten, als Auflauf, in Pastetenform, als Mus usw. Zu erwähnen ist in diesem Zusammenhang aber auch die Suppe mit Einlagen von Teigwaren, Reis oder Gemüse (Teigwaren und Bohnen fehlen darin nie, wo auch immer man sie genießt), die auch außerhalb Italiens als Minestrone bekannt ist.
Leider geht heute die Tendenz immer mehr dahin, die Originalrezepte zu verfälschen und in der italienischen Küche völlig neue Zutaten zu verwenden, wie etwa geräuchten Salm, geräuchten Speck, Worcester- oder Tabascosaucen. Auch Rahm, der eigentlich nicht in die italienische Küche gehört, wird immer häufiger den Saucen beigefügt.
Die aufmerksame Lektüre der Speisekarte und ein gewisses gastronomisches Grundwissen helfen dem Gast, Echtes von Unechtem oder bloß Modischem zu unterscheiden. Wo man Bezeichnungen wie „spaghetti alla carbonara“, „alla disperata“, „alla boscaiola“, „alla contrabandiera“ oder gar „alla puttanesca“ liest, kann man sicher sein, daß es sich nicht um traditionell-italienische Rezepte handelt.
Theoretisch sollte dem „primo“, dem ersten Gang, ein zweiter folgen, in der Regel ein Fleisch- oder Fischgericht. Nach ernährungswissenschaftlichen Erkenntnissen empfiehlt es sich jedoch, einem an sich schon reichhaltigen Reisgericht (das beispielsweise mit Fleisch zubereitet ist) oder einem nahrhaften Gericht aus Teigwaren (etwa der unvergleichlichen „lasagne alla bolognese“, einem Nudelgericht mit Hackfleisch, das in der Auflaufform überbacken wird), höchstens noch ein leichtes Gemüsegericht oder auch nur Käse folgen zu lassen.
Der Ausländer sollte Spaghetti und Salat nicht abwechslungsweise auf die Gabel häufen oder Teigwaren zusammen mit ungarischem Gulasch aus demselben Teller essen (eine Kombination, die ich schon im Angebot venezianischer Gaststätten gesehen habe),

sondern sich die italienischen Gewohnheiten zu eigen machen und jedes Gericht für sich genießen.
Obschon die italienische Halbinsel eine lange Küstenausdehnung hat, ist der Ertrag aus dem Fischfang relativ gering. Das Fischangebot in den Restaurants, zumindest in denjenigen, die nicht in küstennahen Gebieten gelegen sind, beschränkt sich denn auch oft auf tiefgefrorenen Fisch aus dem Ozean, einige Restaurants mit sehr hohen Preisen ausgenommen. Beim frischen Fischangebot handelt es sich häufig um billige Ware wie Sardinen, Makrelen oder ähnliches, mit denen man den „fritto misto" zubereitet, eine Bezeichnung übrigens, die von der internationalen Gastronomie übernommen wurde. Die Tendenz zu teuren Fischgerichten nimmt jedoch zu.
Bei den Fleischgerichten steht Kalbfleisch an der Spitze, das meistens auf die einfachsten Arten zubereitet wird: So findet man in der Lombardei fast immer das Kotelett nach Mailänderart auf der Speisekarte, überall im Norden auch die „piccata" (von ihr wird noch zu sprechen sein), Kalbsschnitzel und Kalbsbraten, bei deren Wahl man kaum je fehlgehen kann. Seltener findet man „rotes Fleisch" auf der Speisekarte (ausgenommen für Grilladen), und das Schweinefleisch ist heute auch aus diätetischen Gründen weniger gefragt. Lamm und Ziege sind vor allem im Latium zu finden.
Den berühmten „abacchio", das zarte Fleisch vom Milchlamm, trifft man noch weiter südlich. Hammelfleisch wird von den Italienern entschieden abgelehnt. Der zweite Gang wird in der Regel zusammen mit einer Gemüsebeilage und einem Salat serviert. Als letzter Gang folgt das Dessert. Nicht alle Gaststätten verfügen über einen eigenen Konditor, sondern ziehen es vor, Süßspeisen von der darauf spezialisierten Industrie zu beziehen. Dies erklärt eine gewisse Verflachung des „süßen" Angebots. Üblicherweise werden auf einem eigens dazu bestimmten Servierwagen einige Torten „präsentiert", darunter sicher ein Fruchtkuchen aus Mürbeteig, ein Pudding und – vielleicht nicht italienischen Ursprungs, jedoch überaus beliebt – die Saint-Honoré-Torte. Dazu kommen einige regionale Spezialitäten. Fast immer auf der Dessertkarte zu finden ist das Speiseeis. Auch dieses wird nicht mehr überall in der eigenen Küche hergestellt. In jüngerer Zeit ist es üblich geworden, die Eisportionen mit etwas Likör (Rum, Whodka oder Whisky) zu beträufeln. Die „macedonia", den Fruchtsalat, bestellt man natürlich nur dann, wenn man sicher sein kann, ihn auch frisch vorgesetzt zu bekommen und nicht aus der Dose.
Das Nationalgetränk Italiens ist der Wein; er gehört unbedingt zu jeder italienischen Mahlzeit. Der Wein, auch wenn es sich bloß um den „vino da casa", den schlichten Hauswein handelt, der in der offenen Karaffe serviert wird, vervollständigt die Mahlzeit und trägt maßgeblich zum Genuß der italienischen Küche bei. Daneben gibt es eine große Fülle (ein gutes Hundert verschiedener Marken) an Wassern, „acqua minerale" genannt, das direkt von der Quelle in die Flasche kommt oder unter Beigabe von Kohlensäure zum Sprudelwasser wird. Wenn man im Restaurant bloß Wasser aus der Leitung haben möchte, muß man das extra und oft mit allem Nachdruck verlangen. Wie überall auf der Welt werden auch in Italien Mittag- und Abendessen mit einem Kaffee abgeschlossen. Die ganze Welt kennt inzwischen den Espresso und weiß, daß er

in den Restaurants an der Bar in der großen Maschine, die in den letzten Jahren viele Verbesserungen erfahren hat, zubereitet wird, zu Hause jedoch in der kleinen sechseckigen Metallkanne, die direkt vom Herd auf den Tisch kommt. Der Espresso wird laut Experten mit 6 oder 7 Gramm Kaffee und soviel Wasser hergestellt, wie es für ein halbes Täßchen starken (ristretto) oder für 3/4 einer normalen Tasse (lungo) braucht. Die Italiener trinken den Kaffee sehr stark und nach dem Essen immer ohne Beigabe von Milch. Im Restaurant offeriert der Gaststättenbesitzer nach dem Kaffee manchmal noch einen Likör. Sehr beliebt sind der Grappa, ein Destillat aus Traubentrester (im Gegensatz zum Cognac, der aus Wein gebrannt wird) oder auch die regionalen „Bitterschnäpse“. Verschiedene italienische Lokale sind stolz auf ihre echten und typischen „Bitter“.

Die Regionen

Wir haben es bereits angedeutet – die unterschiedlichen Umweltbedingungen, die verschiedenen regionalen Gewohnheiten und Vorlieben für gewisse Lebensmittel haben die Entstehung der regionalen Küchen Italiens beeinflußt. Viele der alten, traditionellen Regeln werden noch immer respektiert, vor allem – und das ist nur scheinbar ein Widerspruch – von einigen Luxusrestaurants, welche die alten Rezepte gewissermaßen in ihrem Wappenschild führen, dann aber auch von einfachen Gaststätten auf dem Land, wo die Köchin, die meist auch Besitzerin des Lokals ist, sich überhaupt nur in den traditionellen Gerichten auskennt. Ein Beweis für das Interesse, das den regionalen Küchen entgegengebracht wird: Die großen Städte Italiens, allen voran Mailand, weisen eine ganze Anzahl Lokale auf, die – mitunter auf wirklich erfreuliche Art – eine Vielzahl gastronomischer Spezialitäten der verschiedenen italienischen Provinzen vom Piemont bis nach Sizilien anbieten. Ein gastronomischer Führer oder auch die „gelben Seiten" des Telefonbuches helfen dem Touristen bei der Orientierung.
Eine ganz besondere Eigenheit kennzeichnet die *piemontesische Küche.* Sie ist sozusagen dreistimmig! Da ist einmal die traditionelle, „vornehme" Küche vergangener Jahrhunderte, die sich vorwiegend auf Wild stützt, und zwar auf die wichtige Jagdbeute der Region, auf Gemse, Reh, Hase, die man vorwiegend als Pfeffer oder „civet" zubereitet (der Name wurde aus dem Französischen übernommen), wobei das Fleisch zuerst längere Zeit in einer Sauce aus Wein und Gewürzen mariniert wird. Daneben, sozusagen als ländlich-volkstümlicher Kontrapunkt, gibt es die Küche der „bolliti", der Suppeneintöpfe und der reichen „fritti misti" (verschiedene Gemüsearten und Innereien, in Fett ausgebacken). Und schließlich kennt der Piemont auch noch einen bürgerlichen Mittelweg, bei dem Risotti vorherrschen und Gerichte, deren Bezeichnungen auf ihre Herkunft und Entstehung schließen lassen. Ein typisches Beispiel ist die „finanziera", ein Gericht aus Hühnerinnereien, Leber, Kamm und Hühnerbrüstchen, die in einer Brühe aus Wein, Gewürzen, Kalbsbriesstückchen und ganz wenig Mixpickles gekocht werden. Der Name rührt von den Geschäftsleuten her, den „Finanzmännern", die im vergangenen Jahrhundert dieses Gericht als Beilage zu

einem weißen Risotto bestellten, das oft noch mit piemontesischen Trüffeln verfeinert wurde (sie sind weiß, sehr geschmackreich und unterscheiden sich ganz wesentlich von den schwarzen Trüffeln aus dem Périgord). Anstelle des Risottos kann auch ein Gemüseauflauf gereicht werden. Neben den raffinierten Risotti – heute bereitet man sie auch mit Spargel, Artischocken, frischem Tomatenmark oder auch nur mit Fleischbrühe und Parmesankäse zu – gibt es auch die ländlichen, gewürzten, im Volkstümlichen wurzelnden, wie etwa die aus Novara stammende „paniscia", die mit Reis, Bohnen, Kohl und speziellen, in zerlassenem Fett konservierten Würsten, zubereitet wird. Ein sehr schmackhafter Risotto läßt sich auch mit Rotwein (Barolo, Barbera u.a.) zubereiten.
Fast überall im Piemont finden wir die agnolotti, gefüllte Teigtäschchen, deren Füllung von Ort zu Ort variiert, jedoch stets Fleisch und Gemüse enthält. Rindfleisch wird nicht nur für die großen Suppeneintöpfe verwendet (der traditionelle „Bollito misto" verlangt sieben verschiedene Stücke vom Rind und noch sieben weitere Fleischsorten, angefangen beim Huhn bis hin zum Kalbskopf, und das Ganze muß von sieben Gemüsesorten und drei Saucen begleitet sein), sondern auch für in Wein geschmorten Braten. Dazu nimmt man dicke Fleischstücke, die bei langer Kochzeit langsam gargekocht werden. Nur wenige Ausländer schätzen die „bagna caôda", eine warme Sauce aus Öl, Sardellen und Knoblauch, in die man rohes Gemüse tunkt, vor allem Peperoni und Kardonen (eine Distelart). Als Nachspeise empfiehlt sich ein „bonet", eine Art Pudding.
An Frankreich angrenzend liegt eine Region mit Spezialstatut, das *Aostatal.* Umgangssprache ist französisch, und auch die Küche steht unter dem Einfluß des Nachbarlandes: So die „zuppe" (die Suppen) und die „carbonnade", Rindfleisch, das – früher im Faß – mariniert und in Wein gekocht wird. Viele Gerichte werden mit dem einheimischen Käse, der „fontina", zubereitet.
Die Küche der *Lombardei* unterscheidet sich von Provinz zu Provinz ganz deutlich. In der Küche Mailands spiegeln sich noch immer die Jahrhunderte der spanischen Herrschaft und zwar in Gerichten wie der „cassôla" – aus Schweinefleisch und Kohl – und der „tempia e ceci" (entbeinter Schweinekopf mit Kichererbsen zu einer Suppe verkocht), die an die iberischen „cocidos" erinnern. Ein Beweis der Treue zur traditionellen Küche wird in Mailand vom eleganten (und teuren) Ristorante Savini in den Gallerie Vittorio Emanuele geführt. Zu den beliebtesten Gerichten gehören der Risotto mit Safran, auch in der Version „al salto", wobei der Risotto in einen knusprigen, schmackhaften Pfannkuchen umgewandelt wird, dann der „ossobuco" (die in einer köstlichen Sauce geschmorte Kalbshaxe) und natürlich die „costoletta alla milanese", das panierte Kotelett, das dem nördlich der Alpen bekannteren, aber nicht identischen Wienerschnitzel möglicherweise als Vorbild gedient hat. Volkstümlicher sind Gerichte wie die berühmte Minestrone (im Sommer wird sie kalt in der Tasse serviert) und die Fleischklößchen „mondeghili" genannt. Zum Nachtisch sollte man sich nicht nur an die übliche „pasticceria" halten, sondern die ausgezeichnete Apfelcharlotte (charlotte di mele) versuchen. Es darf nochmals daran erinnert werden,

daß man in Mailand Spezialitäten aller Regionen Italiens kosten kann: Die ersten Gastwirte, die die Stadt eroberten, waren die Toscaner; heute gibt es auch sizilianische, kalabresische und sardische Trattorien.
Die Provinzen von *Bergamo* und *Mantua* unterliegen dagegen dem venezianischen Einfluß. Hier dominiert die gelbe Polenta, vorzugsweise mit gebratenen Vögeln serviert (wer das nicht mag, kann dazu auch ein Kalbsvoressen oder Wurstwaren genießen), und in der Gegend von Mantua gibt es die wenig bekannten „tortelli asciutti" mit einer süß-pikanten Füllung aus Kürbisfleisch und Amaretti. Erinnern wir uns, daß schon an den italienischen Höfen der Renaissance die Verwendung von Zucker und Salz im selben Gericht beliebt war. Im lombardischen Gebirge, im Veltlin, werden bäuerliche, schmackhafte Bandnudeln zubereitet, die „pizzoccheri", die mit dem Vorfahren des heutigen Weizens zubereitet werden, einem Schwarzmehl mit der Bezeichnung „saraceno".
Wendet man sich der Küste zu, so betritt man *Ligurien,* wo noch zahlreiche Restaurants die Lehren der Genueser Kochkunst befolgen, wie sie im Rezeptbuch „La Cuciniera genovese" („Die Genueser Köchin") aus dem Jahr 1865 niedergelegt sind. Typische Zutat in dieser Küche ist der berühmte „pesto", eine kaltangerührte Soße aus Öl, Basilikum und Knoblauch, die mit frischgeriebenem Parmesankäse gut vermischt wird. Mit dem „pesto" würzt man die „trenette", eine Art schmaler Bandnudeln (wenn sie breiter sind, tragen sie den Namen „lasagne", während sie in der buchstäblich taschentuchgroßen Version „mandille" heißen). Auch Ligurien hat – wie jede Region Italiens – sein eigenes Minestronerezept, das die grünen Zutaten bevorzugt, so etwa Mangold, mit dem eine weitere, sehr beliebte ligurische Spezialität zubereitet wird, die Gemüsetorte „pasqualina", also die Torte, die an Ostern verspeist wird. Diesen Namen darf sie jedoch nur tragen, wenn für ihre Füllung der Mangold mit Ricotta oder Frischkäse sehr fein vermischt wird und, vor dem Zudecken mit Teig, frisch aufgeklopfte, rohe Eier in die „Nester" gefüllt werden. Die Gemüsetorten werden in jedem Restaurant wieder anders zubereitet unter ausschließlicher Verwendung des Gemüses, das an der Riviera gedeiht: Artischocken, Spargel, Erbsen, Spinat usw. Diese Torten und verschiedene fladenartige Gebäcke werden nur mit Öl oder aber mit Käse, Tomaten, Sardellen oder Oliven gewürzt. Man findet sie auch in kleinen Läden mit eigenen Holzöfen, die gelegentlich auch nach einem antiken Rezept – es ist griechischen oder römischen Ursprungs – eine Schwitze aus Kichererbsenmehl zubereitet. Sich einen dieser Öfen anzuschauen und als Imbiß eines dieser Gerichte zu versuchen, ist sehr empfehlenswert. Ligurien ist nicht reich an Fischvorkommen; der „cappon magro" ist allerdings ein exquisiter Fischsalat in Form einer Torte, dessen Zubereitung mehrere Fischsorten und Gemüsearten erfordert, die mit einer speziellen grünen Sauce gewürzt werden. Diese Kostbarkeit der ligurischen Küche, die sonst kaum erhältlich ist, kann man fast jeden Tag im Ristorante Manuelina in Recco, einem kleinen Dörfchen östlich von Genua, genießen. Ein typisches Gericht ist auch der gefüllte Lattich. Dazu werden Lattichherzen mit einem delikaten Fleischgemisch gefüllt und in einer Fleischbrühe gedünstet. Dann gibt es die „pansotti" – Ravioli, die mit einer etwas seltsam anmutenden Sauce

aus Nüssen und Öl gewürzt werden. Von der Fischsuppe kennt man zwei Arten: die „buridda", die mit ganzen Fischtranchen zubereitet wird und ihr Gegenstück, die „ciuppin", eine Fischcremesuppe, für die die Fische nach längerer Kochzeit durch ein Sieb gestrichen werden. Letztere ist der französischen „soupe de poisson" sehr ähnlich. Auch in Ligurien sind die „fritti misti" (verschiedene kleine Fischarten in Öl gebacken) wie in den anderen Regionen von hervorragender Qualität.
Um die Übersicht nicht zu verlieren, sprechen wir bei *Venetien* von der Küche der „drei Venetien", auch wenn man – unter Berücksichtigung der Administration Venetien unterteilen müßte in Trentino-Alto Adige und in Friaul-Julisch Venetien. Während Jahrhunderten hat die Republik San Marco ihren Einfluß auch in der Küche geltend gemacht. Erkennbar ist diese Tatsache auf dem Gebiet der Reisgerichte und der Minestren, die in allen Regionen auf dieselbe Art zubereitet werden. Die Palette reicht vom berühmten venezianischen „risi e bisi", einem Reisgericht mit Erbsen, das der Doge am 25. April, dem Fest des Kirchenpatrons, als erster kostete, bis zu Zubereitungsarten, die einem Ausländer absurd vorkommen mögen, die jedoch in der Tradition verankert sind: Reis mit Brennesseln oder mit dem roten „radicchio", einer leicht bitter schmeckenden Salatart, aber auch mit Spitzen von Hopfenblättern namens „bruscandoli" (in der ganzen übrigen Welt wird Hopfen nur zur Bierproduktion verwendet) – ein modernes, aber schmackhaftes Rezept des Ristorante Chiesa di Trento verwendet dazu noch Äpfel. Das Hinterland liefert ausgezeichnete Pilze, die nicht nur im Risotto Verwendung finden, sondern auch bei der Zubereitung von hausgemachten Bandnudeln, den „tagliatelle" und als Garnitur bei Fleischgerichten. Es wäre schade, den „maîtres" Gehör zu schenken, die in Spezialitätenrestaurants statt dessen französische „crêpes" und „croute aux champignons" empfehlen.
Das adriatische Meer ist mit seinem Fischangebot sehr geizig, aber was ins Netz geht, ist normalerweise von hervorragender Qualität. Aus den Meerestiefen vor Triest und Dalmatien kommen die „langustines", die heute in allen Ländern den venezianischen Namen „scampi" tragen. Allerdings muß man ehrlicherweise beifügen, daß vielfach auch tiefgefrorene Scampi aus Korea oder Kuba in die Küchen gelangen.
Um den gebackenen Fisch zu würzen und zu konservieren, legt man ihn in eine Marinade aus Zwiebeln und Essig, in den „saor": Dieses eher volkstümliche Gericht wird vom exquisiten Hotel Cipriani auf der Giudecca in Venedig auf der Speisekarte geführt und zusammen mit einem Gläschen venezianischem Grappa serviert. Ein Gericht, das nicht bei allen Ausländern Anklang findet, sind die Tintenfische, die in der Pfanne in ihrer eigenen Tinte geschmort werden: hervorragend, durch die schwarze Farbe jedoch für viele (zu Unrecht) abstoßend. Tiefschwarz auch der Risotto, der die gleichen Zutaten enthält. Als Erinnerung an alte Zeiten, als der Transport von Frischfisch noch ein echtes Problem darstellte, ist der „stoccafisso" oder auch der getrocknete „merluzzo", der auch „baccalà" genannt wird, auf verschiedene Art zubereitet, noch immer zu finden. Berühmt ist der „baccalà" nach Art von Vincenza, der mit Milch, Öl und Parmesan auf kleinem Feuer langsam gargeschmort wird – Zutaten, die auf den ersten Blick als unvereinbar mit Fisch erscheinen. Auch mit Salz

eingemachte Sardinen gehörten zu den volkstümlichen Alltagsgerichten. Darauf gehen noch heute die „bigoli in salsa“ zurück, Spaghetti mit einer Sardinensauce. Die Polenta ersetzt noch oft das Brot, sie wird sehr heiß und nur knapp gargekocht serviert oder auch in Scheiben geschnitten, die auf dem Holzkohlengrill geröstet werden.
Die neuen Tendenzen in der venezianischen Küche zeigen sich vor allem bei den Teigwaren: Früher gab es in dieser Region nur in der Gegend von Verona hausgemachte Teigwaren, das waren Bandnudeln, die „paparele“ hießen, heute ist man jedoch dem Einfluß der Emilia erlegen, und so sind die Bandnudeln (je nach Breite heißen sie „taglioline“, „tagliatelle“ oder „lasagne“) überall zu finden. Serviert werden sie oft auch mit einer Fleischsauce oder als Pastete mit Schichten von breiten Bandnudeln, Fischfilets und weißer Sauce als Zwischengericht. Diese Zubereitung geht auf Rezepte eines Kochs am Hof von Ferrara zurück, das aus dem Jahr 1570 stammt. Von den neukreierten, leckeren Rezepten, die lanciert werden, seien die grünen, schmalen Bandnudeln genannt, im Ofen überbacken (die Farbe stammt vom Spinat, der dem Teig beigegeben wird), dann „risotto primavera“, ein Frühlingsrisotto, der vorwiegend mit frischen Gemüsen zubereitet wird und schließlich der Salat aus rohem Rindfleisch, das in ganz feine Tranchen geschnitten an einer Aurora-Sauce angerichtet wird. Auf der Speisekarte figuriert es unter dem Namen „carpaccio“, ein ganz zufälliger Name, der dadurch zustande kam, daß der venezianische Restaurateur Arrigo Cipriani, als er das von ihm kreierte Gericht benennen sollte, gerade ein Plakat vor Augen hatte, auf dem eine Ausstellung von Werken des Malers Vittorio Carpaccio angekündigt wurde...
Triest und sein Hinterland pflegen noch immer die gastronomische Erinnerung an die Zeit, als das Gebiet zur österreichisch-ungarischen Monarchie gehörte. So wird noch viel Gulasch gegessen und Apfelstrudel. Beliebt ist auch die „jota“, eine aus Kohl und Gerste zubereitete saure Suppe balkanischen Ursprungs.
Fast jede Küstenregion Italiens preist ihre Fischsuppe. In Venetien heißt sie „brodetto“ und besteht aus Fischstückchen, einigen Krustentieren und Mollusken. Die verschiedenen lokalen Fischsuppen unterscheiden sich untereinander vor allem dadurch, ob sie mit Safran gewürzt sind oder nicht. Die Gerichte mit Safran weisen eine Ähnlichkeit mit der Spezialität Marseilles, der Bouillabaisse, auf. Es ist üblich, diese Fischsuppe als Vorspeise zu servieren. Sie ist jedoch so reichhaltig – nicht zuletzt, weil dazu auch noch geröstetes Brot gehört – daß sie fast eine ganze Mahlzeit ersetzen kann. Eine solche kann noch mit einem Salat oder mit frischen Früchten abgerundet werden. Dadurch läßt sich der Preis für dieses Gericht noch in vernünftigen Grenzen halten.
Auch in den *Marken* wird – trotz des Fleißes einer der besten italienischen Fischerflotten – mit Vorliebe der getrocknete „merluzzo“ zubereitet. Ein Beweis dafür ist der „stoccafisso all'anconetana“, Stockfisch nach Art von Ancona oder der zu Kartoffeln genossene „baccalà al verde“ Liguriens – ebenfalls eine Küstenregion. Und Gleiches gilt für andere Küstengebiete bis hinunter nach Sizilien, wo im Hafen von Messina, an der Meerenge zwischen Italien und Sizilien, Matrosen und Hafenarbeiter sich nach getaner Nachtschicht beim Morgengrauen in den Gaststätten mit Stockfischgerichten, „stocco“ oder „stoccafissi“ nach Messina-Art stärken.

Obschon die *Emilia* und die *Romagna* unter einer Verwaltung zusammengeschlossen sind, weisen die beiden Provinzen landschaftlich und in der Küche große Unterschiede auf. Das wird klar, sobald man sich erinnert, daß mindestens neun Städte dieses Gebietes während kürzerer oder längerer Zeit Hauptstädte kleiner Staaten waren und jeder Fürst bald seine eigene „Küche" hatte. Bologna, Hauptstadt der Region, wurde seit dem 14. Jahrhundert als „La Grassa" („die Fette") bezeichnet. Sie war als reich und üppig bekannt, aber auch als Hochburg des Wissens – ihre Universität ist die älteste Italiens. Außerdem war sie schon immer berühmt für ihre ausgezeichnete Küche.

Die Stadt war lange Zeit Sitz des Kardinalslegats, des Vertreters des Heiligen Stuhls. Die Regierung war patriarchalisch und hatte viel Verständnis für alles, was mit den Freuden des Gaumens zusammenhing. Laut einer Anekdote, die in Versen abgefaßt ist, stieg einst die Liebesgöttin Venus in die Emilia hinab, um dem Krieg zwischen den Bürgern von Bologna und Modena ein Ende zu setzen. Während die Göttin in einer Locanda auf dem Land, unweit von Bologna, schlief, inspirierte sich der Gastwirt, der, wie es heißt, „auf einem Auge schielte und Bologneser war", an ihrem Bauchnabel und modellierte danach den runden „tortellino", die kleinste der gefüllten italienischen Teigtaschen, die bologneser Variante der viel dickeren „agnolotti", „ravioli" u.a. Die Tortellini müssen sich, wie die alten Patrizier-Familien, aus vier Viertel Vornehmheit zusammensetzen und in ihrer Füllung zudem die vier „edlen" Elemente Truthahnbrust, Schinken, Kalbfleisch und geriebenen Parmesan vereinigen. Traditionellerweise sollten sie in Fleischbrühe serviert werden; heute werden vermehrt Teigwaren verlangt, die – im Gegensatz zur wirklich traditionellen Küche – mit einer Sahnesauce verfeinert sind. Andere triumphale und berühmte Bologneser Spezialitäten sind die „tagliatelle" (Bandnudeln), deren Teig nur aus Mehl und Eiern hergestellt wird – ja nie Wasser hinzufügen! Sie werden gewürzt oder mit einem Ragout oder, noch raffinierter, mit einer Julienne mit in Butter gebratenem Schinken genossen. Berühmt auch die „lasagne": Weiße und grüne breite Bandnudeln werden abwechslungsweise mit einem Ragout aus Hackfleisch, Tomaten und „balsamella" (bolognesische Bezeichnung der Morny-Sauce, einer mit Parmesankäse angereicherten Béchamelsauce) in eine Auflaufform geschichtet. Die „costolette alla bolognese" (Kalbskoteletts nach Bologneserart) sind ihren mailändischen Vettern ähnlich, sie werden jedoch nach dem Anbraten zusätzlich noch in eine feuerfeste Form gelegt, mit je einer Scheibe Schinken und Parmesan belegt (noch besser geraten sie, wenn Schinken und Käse in sehr feine Streifchen geschnitten werden) und im Ofen solange überbacken, bis der Käse zerfließt. Dank dem Umstand, daß im benachbarten Appenin Pilze gesammelt werden, kann auch Bologna, wie der Piemont, auf die weißen Trüffel zählen.

Unter den Süßspeisen ist eine kompakte und klebrige Masse namens „panspeziale" zu erwähnen, die aus Mehl, kandierten Früchten und Gewürzen besteht – sowie ein Gemisch aus Creme und mit Likör getränkten Löffelbiskuits, das, man weiß nicht wieso, „zuppa inglese" (eigentlich „englische Suppe") genannt wird.

Modena, einstige Hauptstadt der Este, macht Bologna die „tortellini" streitig, die bei-

nahe nach dem gleichen Rezept hergestellt werden. Das ausgezeichnete Restaurant „Fini“ an der Piazza San Francesco führt auf seiner Speisekarte gleich sechs oder sieben Arten davon, darunter auch eine Variante, die, strenggenommen, zwar nicht authentisch italienisch ist, jedoch ausgezeichnet schmeckt: Tortellini in vol-au-vent. Auch Modena produziert Mortadella, doch wagt man es nicht, diese rosafarbene, mit viereckigen Speckstücken durchsetzte Wurstsorte als Spezialität anzupreisen, da man sich wohl bewußt ist, daß die berühmtere Sorte aus Bologna nicht zu schlagen ist (der Name soll daher kommen, daß man das Fleisch in einem Mörser zerstampft hat oder auch von den früher beigefügten Maulbeeren, die jedoch heute in der Wurst fehlen). Ganz typisch für Modena ist der Schweinsfuß, der „zampone“, der nach sehr langer Kochzeit ganz heiß genossen wird. Noch besser schmeckt er als Bestandteil eines „bollito misto“, der die piemontesische Konkurrenz keineswegs zu scheuen braucht. Zu diesem eher fetten und sehr reichhaltigen Gericht trinkt man mit Vorliebe – wie im Kapitel über die italienischen Weine erwähnt – den leichten, prickelnden Lambrusco, der „den Gaumen spült“ und die Verdauung anregt. Als Nachtisch, nach der lokalen Spezialität, den „amaretti“ (auch auf diesem Gebiet hat jede Region ihre eigenen „Makronen“-Spezialitäten), genehmigt man sich noch einen „Nocino“, einen lokalen Nußlikör.
In *Parma* heißen die gefüllten Teigtäschchen „anolini“, wenn die Füllung aus Rindfleisch und geriebenem Brot besteht (mit Sauce oder mit Parmesan genossen) und „tortelli di erbette“, wenn es sich um die dickeren Teigtäschchen mit einer Füllung aus Ricotta und Petersilie handelt. Die Küche Parmas verdankt viel der Dynastie der Farnese, die lange regierten, jedoch auch sehr viel Marie-Louise von Österreich, der wankelmütigen Gattin Napoleons: Nach Waterloo wurde sie Herzogin von Parma, und sie brachte französische Köche und Zuckerbäcker aus Wien nach Italien mit, die den Einheimischen u.a. auch die Herstellung von „brioches“ beibrachten. Die Truthahnbrust „Marie-Louise“ wird in Butter geschmort, mit Parmaschinken, und Parmesankäse (beides berühmte Spezialitäten aus Parma) und Trüffeln ergänzt. Überall kennt man als Gemüse Kardonen (eine eßbare Distelart), Fenchel, Spinat und andere, „alla parmigiana“ zubereitet, also mit Butter und Parmesankäse gewürzt.
Selten wird sich der Tourist die Zeit nehmen, die Landschaft der Emilia kennenzulernen, die zwischen der Ebene und dem Po liegt. Und das ist eine Sünde, weil man eine der schönsten und außergewöhnlichsten Städte Italiens, Sabbioneta, verpaßt, den „unerreichbaren Traum“ des humanistischen Fürsten Vespasiano Gonzaga. Was für ein Vergnügen, in den kleinen Trattorien in Sacca di Colorno, Polesine Parmense oder Brescello schlichte einheimische Gerichte zu entdecken und zu genießen, wie etwa Fisch aus den Flüssen der Gegend, die „polenta fritta“ (gebackene Polenta) oder, typisch für die ganze Region, der in Rotwein geschmorte Rindsbraten. Wenn irgend möglich, sollte der Ausflug mindestens bis Ferrara gehen, wo nicht nur eine andere außergewöhnliche Wurstart herkommt, die überaus würzige „salma da sugo“, sondern auch die verschiedenen Zubereitungsarten des Aals – die großen Zuchtteiche von Comacchio liegen nur wenige Kilometer entfernt – zu bewundern sind. Ein weiteres Meisterwerk der Gegend, das auf die Küche der Renaissance zurückgeht, ist die

Maccheroni-Pastete mit Taubenragout und „cassa“ aus süßem Mürbeteig (das Ganze ohne Tomaten! Im 15. Jahrhundert waren Tomaten noch nicht aus Amerika nach Italien gelangt).

Wer sich nun der Küste zuwendet, dem kündigt sich die *Romagna* im Hinterland mit einem ganz außergewöhnlichen Restaurant an, mit dem San Domenico in Imola. Es ist sehr klein, von raffinierter Eleganz und natürlich mit entsprechenden Preisen. Der Eigentümer Dr. Morini ist zwar in der Lage, mit einer ganzen Anzahl eigener Kreationen aufzuwarten, wir geben jedoch den traditionellen Gerichten den Vorzug, die ihrerseits allerdings auch einige Auffrischung durch den Chef erfahren haben: dem „risotto bianco mantecato“ zum Beispiel, der in der Alltagssprache „alla parmigiana“ heißt, (obwohl er nicht der Tradition von Parma entspricht); den „tortelli“ und den außergewöhnlich kleinen hausgemachten Makkarönchen, die mit einem speziellen Gerät gemacht werden, die „garganelli“. Hervorragend sind auch die Seezunge in Weißwein, die Entenbrüstchen „al sangiovese“ (ein Wein aus der Region) und die Steinbuttfilets mit Peperoni.

Die Küste der Romagna entlang der Adria ist auch schon als „Ferienmaschine“ bezeichnet worden: Zwischen Ravenna und Pesaro drängen sich etwa fünftausend Hotels; beinahe alle gehören einer bescheidenen Kategorie an, die zu akzeptablen Preisen Millionen von Badegästen aufnimmt. Dies führt, fast unvermeidlich, zu einer Abflachung der guten Küche. Nicht nur in den Familien, sondern auch in den Gaststätten ist die Speisekarte oft schlicht und etwas phantasielos: Spaghetti – die besseren, die „poverazze“ sind mit kleinen Muscheln bereichert –, dann viele Bandnudeln, gebackener Fisch und – dem Reichtum der lokalen Gemüse- und Früchtekulturen entsprechend – Tomatensalat sowie ein üppiges Angebot an Früchten, vor allem Trauben und Pfirsiche. In den sogenannt „typischen“ Restaurants sind stets die beiden Gerichte „pesce ai ferri“ (Fische am Spieß) oder die „grigliate miste“ mit Tintenfischen, kleinen Seezungen und einigen Scampi zu finden – außerdem, oft günstiger im Preis, die „spiedini di polpi o piccole seppie“ (Spieße mit Polypen oder kleinen Tintenfischen). Die Fischfilets werden leider zum großen Teil gefroren aus fernen Ländern eingeführt. Ein von allen geschätzter Imbiß ist die „piadina“, eine Art Fladen, der aus Mehl, Wasser und wenig Schweineschmalz, ohne Hefe, zubereitet und auf einer heißen Tonplatte solange gebacken wird, bis er leicht anbrennt. Die „piadina“ wird an kleinen Verkaufsständen warm angeboten. Man kann sie aber auch kalt kaufen – mit Schinken, Mortadella oder Käse – und als Zwischenverpflegung am Nachmittag oder spät am Abend kalt oder aufgewärmt essen. Es gibt zudem auch eine große industrielle „Piadina-Produktion“ wie die kleinen Lieferwagen auf der Straße beweisen, die die Geschäfte beliefern.

Der Küche der *Toscana* fällt ein Verdienst und eine Verantwortung zu: Sie hat als erste Region ihre eigene Kochkunst in andere Regionen getragen. Gegen Ende des letzten Jahrhunderts wanderten zahlreiche toskanische Gastwirte in andere Regionen aus und eröffneten in vielen Städten einfache Gaststätten, oder vielmehr „fiaschetterie“, wie sie wegen der typischen Chiantiflaschen genannt wurden, später auch Restaurants der gehobenen Klasse, wie etwa das „Giannino“ in Mailand. Der Erfolg blieb nicht aus, vor allem dank der Schlichtheit und Reinheit der wenigen angebotenen Gerichte: eine Suppe aus Mehl und Bohnen mit Brotscheiben, die „ribollita“ (die „Wiederaufgekochte“), die „trippe alla fiorentina“, die Kutteln nach Florentinerart (auch für dieses Gericht haben viele Regionen Italiens ihr eigenes Rezept), die „crostini di pane“ (geröstete Brotscheiben mit einer Paste aus Leber oder Sardellen), Rostbraten am Spieß, die „toscanelli“ genannten, gekochten und mit Öl angemachten Bohnen oder die in Netze eingepackten Schweinslebern und natürlich vor allem das Rindssteak, das richtig zu schneiden und zuzubereiten die Florentiner Köche von den Engländern gelernt haben. Zu diesen Gerichten, die man in toskanischen Trattorien immer antrifft, sind neue Rezepte gekommen, nicht traditionell zubereitet, doch gefällig, wie etwa die Maccheroni mit Artischocken, die „paglia e fieno“ (weiß und grün gemischte Bandnudeln) und verschiedene „risotti“.

Im benachbarten *Umbrien* machen sich die Einflüsse aus der Toscana und aus dem Latium bemerkbar. Spezialität der Region, vor allem in der Gegend von Norcia, sind die schwarzen Trüffel, die den französischen ähnlich sind. Als Vorspeise offeriert man manchmal – vor den Teigwaren oder Reisgerichten – die „bruschetta“, Scheiben von Landbrot, auf der Holzglut geröstet und mit gutem Öl, Salz und Pfeffer (und wenn man es mag, mit rohem Knoblauch) gewürzt. Fleisch und Vögel am Spieß gebraten, begeistern die Italiener (etwas seltener die Ausländer, für die es undenkbar ist, Vögel zu diesem Zweck umzubringen).

Bis heute hat die Küche *Latiums* und vor allem diejenige Roms eine großartige Gelegenheit nicht genutzt: Die aus der Renaissance stammenden Rezepte der großen Familien und Kardinäle wurden bis heute nicht ausgebeutet. Gepflegt wird noch – wie in Ferrara, – jedoch im Latium viel seltener – die Maccheroni-Pastete; darüber hinaus bleibt es jedoch bei der eher volkstümlichen Küche, meist einfach und oft schwer. Rom hat denn auch tausende von einfachen Trattorien und vergleichsweise wenige Restaurants. In den Trattorien, wo sich Inhaber und Kellner in Hemdsärmeln mit betonter Familiarität der Gäste annehmen, werden in Wein geschmorter Ochsenschwanz, mit Speckschwarten gekochte Bohnen oder auch Schweinehaut, Schweinebraten und – für den Ausländer wohl völlig ungenießbar – „pajata“, Stücke vom Kalbsdarm, die noch zum Teil unverdaute Milch enthalten, angeboten. Diese gleichen Gastwirte haben auch neue und bei weitem nicht immer gelungene Rezepte „erfunden“, wie die eingangs zitierten phantasievollen Spaghettirezepte. Wenn man jedoch das Glück hat, auf eine wirklich gute Trattoria zu stoßen, sollte man die Gelegenheit ergreifen und das antike und hervorragende Gericht „matriciana“ versuchen (Spaghetti mit leicht angebratenem durchwachsenem Bauchspeck, wenig Tomaten und Schafskäse). Von guter Qualität ist in der Regel das Lamm – auf der Speisekarte als „abacchio“ geführt – ob als Braten, in der Pfanne zubereitet oder als Koteletts vom Grill.

Bis vor zwei Jahrhunderten wurden die Neapolitaner als „mangiafoglia“, als Blätteresser bezeichnet, weil sie sich vorwiegend von Kohlblättern ernährten, die zuvor mit Schweinefleisch gekocht wurden (eine Reminiszenz daran ist die „minestra maritata“,

die ihrerseits wieder mit dem früher erwähnten spanischen „cocido“ verwandt ist. Schließlich sind Neapel und ganz Kampanien zum Herkunftsland zweier Gerichte geworden, welche die ganze Welt erobert haben: der Spaghetti – hier treffend „vermicelli“ (Würmchen) genannt – und die Pizza. So sind die Teigwaren hier denn auch sehr schmackhaft – mit Tomaten, Fischsauce oder, sehr beliebt, nur mit in Olivenöl kurz gedünstetem Knoblauch –, wenn auch für den Touristen oft nicht genügend weichgekocht, d.h. etwas zu sehr „al dente“. Es ist sinnlos, den Wirt um weicher gekochte Teigwaren zu bitten, dies käme einem Sakrileg gleich. Was die Pizza anbetrifft, so hat sie Alexandre Dumas, als er 1835 Neapel besuchte, mit „Fladen, wie man sie bei uns in St. Denis zubereitet“, verglichen. Den Neapolitanern fällt das Verdienst zu, ihr preiswertes und – wenn gut zubereitet – ausgezeichnetes und schmackhaftes Gericht praktisch an die ganze Menschheit weitergegeben zu haben. Die traditionellen Pizza-Rezepte beschränken sich auf wenige: „alla maringara“ (mit Tomaten und Sardellen), „Margherita“ (mit Tomaten und Mozzarellakäse), „alla napolitana“ (nur mit Tomaten und Oregano). Heute hat jedoch jeder Pizzabäcker – auch in London und Brooklin – seine eigenen „Spezialitäten“, indem er vielerlei Zutaten verwendet, angefangen bei eingelegten kleinen Artischocken bis zum Fisch, ja sogar Spaghetti.
Doch die neapolitanische Küche hat viel mehr zu bieten: den Reisauflauf namens „sartù“, die „lasagne die Carnevale“ (Fastnachtsnudeln), ähnlich dem „bolognese“, jedoch mit Mozzarellakäse, Schinken und Fleischklößchen zubereitet, der Fisch aus dem Topf, der außergewöhnliche „ragù“, zu dem ein dickes Stück Rindfleisch stundenlang mit Tomaten in Wein geschmort wird, oder die schlichten gefüllten Peperoni. Als Nachspeise schließlich die süße Käsetorte „pastiera“ mit einer seltsamen Füllung aus Ricotta und ganzen Weizenkörnern, die lange in einem Sirup weichgekocht wurden.
An der adriatischen Küste, angrenzend an die Marken, liegen die Abruzzen mit ihrer Hauptstadt Pescara. Dabei handelt es sich um eine vorwiegend gebirgige Region, die sich rings um den Gran Sasso gruppiert. In jedem Lokal zu finden sind sicher die quadratischen „tagliatelle“. Diese Teigwaren werden mit Hilfe eines mit Drähten bespannten Rahmens hergestellt, den man auf den Teig drückt. Aus der Ähnlichkeit dieses Gerätes mit einer Gitarre leitet sich der Name der Teigwaren denn auch ab: „maccheroni alla chitarra“. Sie werden zusammen mit Lammragout oder mit Fisch gegessen. Auf die gleichen Grundstoffe stützen sich auch die Trattorien für ihre Braten und Grilladen, da die Gegend reich an Fleisch und Fisch ist.
Weiter südlich liegt *Apulien,* das eine ganz besondere Küche besitzt, von bäuerlichem Ursprung, eher rustikal und doch sehr schmackhaft. Die wie überall im Süden angebotenen Teigwaren sind hier hausgemacht, als „orecchiette“ („Ohrmuscheln“), aus einem Teig aus Grieß und Wasser. Sie werden entweder mit „ragù“ serviert oder auch nur kurz in der Pfanne zusammen mit kleinen Broccoli, „cime die rapa“, heiß gemacht. Für die „tortiere“ werden abwechslungsweise Kartoffeln, Tomaten, Reis und Fisch (normalerweise Muscheln) in eine Auflaufform geschichtet und im Ofen gegart. Seltsamerweise hat die Stadt Bari mit Japan ein Gericht gemeinsam. Wie die Japaner ihr „sushi“ aus rohem Fisch bereiten, so werden hier kleine Polypen und Tintenfische

roh gegessen (man genießt sie nur ganz frisch, mit Zitronensaft beträufelt). Die Fischsuppe von Taranto ist äußerst reich an Muscheln. So besitzt die Stadt denn auch große Fisch- und Austernteiche (Austern werden von den Italienern vorwiegend roh und mit etwas Zitronensaft verzehrt).
Lukanien (auch Basilicata genannt) und *Kalabrien* pflegen die typisch südliche Küche Italiens: also viel Teigwaren – Reis ist fast unbekannt –, der Küste entlang natürlich Fisch, das Fleisch stammt vorwiegend von Ziegen und vom Lamm. In den kleinen Trattorien werden „maccheroni a ferro" angeboten, dazu werden Teigstückchen um ein Metallstäbchen gewickelt.

Die Küche *Siziliens* ist schwierig zu beschreiben. Nicht weniger als 12 Völker haben diese Insel erobert, dort gelebt und auch ihren Beitrag zur lokalen Küche geleistet: angefangen bei den alten Griechen, an die noch das „maccù" genannte Mus aus getrockneten Saubohnen erinnert, über die Araber, die den Zucker, den Reis und die Eiszubereitung mitgebracht haben, bis zu den Königen von Neapel, die hier herrschten. Daher gibt es hier auch außergewöhnliche Gerichte wie etwa den „pasticcio di sostanza", eine Pastete aus etwa zehn Fleischsorten, oder den Reisauflauf „tummala", eine Reminiszenz an das arabische Emirat El Thumà. Diese Köstlichkeit ist jedoch selten in einem Restauraunt anzutreffen. Dafür sind Teigwaren mit Sardinen und mit wildem Fenchel eher auf Speisekarten zu finden, oder die „spaghetti alla Norma", mit Tomaten und Auberginen zubereitet oder auch die anspruchslosen und pikanten Maccheroni mit Sardellen und in Öl geröstetem Brot. Typisches Gericht ist auch der in der Meerenge von Messina gefangene Schwertfisch oder frischer Thunfisch, der als Roulade oder vom Grill auf den Tisch kommt. Unter den Gemüsen dominieren die Auberginen, die auf vielerlei Arten zubereitet werden. Wer am späten Morgen Lust auf ein Gabelfrühstück verspürt, ist auf Sizilien am richtigen Ort: Das Angebot von Backstuben, aber auch von eleganten Bars reicht von dicken Reiskroketten, „arancini" genannt, die auf verschiedene Art zubereitet werden, oder gebackenen Auberginen, die sich wie Blumen öffnen, bis zu den „sfinciuni", eine Art Pizza oder – als weitere köstliche sizilianische Spezialität – „granite di caffè" oder „di limone" – feinzerstoßenes, körniges Wassereis mit Kaffee- oder Zitronengeschmack. Beides wird gern mit einer Brioche genossen. Als Nachtisch bieten sich zwei Arten von Cassata an: Die eine ist tortenförmig und besteht aus „pan di Spagna", Ricotta und vielen kandierten Früchten, die andere, gefroren, mit einem „Herz" aus Sahne und kandierten Früchten und einem „Hemd" aus Creme und Schokolade.
Zum Schluß *Sardinien*. Früher bestand der gastronomische Hauptanziehungspunkt dieser Insel im Überfluß an Langusten und Wild, vor allem auch an Rebhühnern. Heute beschränkt man sich auf andere Spezialitäten der „Küche der Hirten" und hält sich dabei vor allem an Lammbraten und eine Variante des Spanferkels, den „porchetto arrosto". Zu den Süßspeisen ißt man gerne feine, zerbrechliche Scheiben von knusprigem Brot, die „carta da musica" (eigentlich Musikpapier), eine Erinnerung an die leicht vergilbten Blätter, die von den Schreibern zum Kopieren von Opern und Romanen benutzt wurden.

Die italienischen Käse

Einem besonders fleißigen Käsespezialisten ist es vor einigen Jahren gelungen, 431 verschiedene italienische Käsesorten auszumachen. Die Zahl ist sicher nicht übertrieben, und es dürfte daher für den Konsumenten kaum möglich sein, ein solch breites Angebot durchzuprobieren, zumal es sich bei den Produzenten zum größeren Teil um Hirten handelt, die die Milch ihrer Herde nach eigenem Spezialrezept verarbeiten. Die Zahl der in Italien tatsächlich erhältlichen Käsesorten beläuft sich auf einige Dutzend, von denen praktisch alle von großen oder mittelgroßen, industriell betriebenen Käsereiunternehmen hergestellt werden, die in der Lage sind, ihre Produkte nicht nur in der Region, in der sie produziert werden, sondern landesweit abzusetzen und sie sogar zu exportieren. Die Käserei als reiner Handwerksbetrieb existiert heute kaum mehr. Wie der Wein, ist auch der Käse in hohem Maße von den Umweltbedingungen abhängig: Kühe, die von einer Region in eine andere versetzt werden, wo sie andersartige Nahrung finden, geben auch unterschiedliche Milch, mit der man wiederum völlig andersartige charakteristische Käsespezialitäten herstellen kann. Die phantasiebegabten Italiener bevorzugen sowieso Lebensmittel, die von Region zu Region stark variieren. Diese Neigung führt naturgemäß zu einer äußerst reichen Produktvielfalt auf dem italienischen Markt, die der Käseindustrie insgesamt mehr Probleme als Vorteile bringt, dies im Gegensatz zu ausgesprochenen Käseproduzentenländern wie etwa der Schweiz oder der Niederlande, die relativ wenige Käsesorten produzieren.
Aufgrund ihrer Zusammensetzung werden die Käsesorten in drei Kategorien eingeteilt: vollfett (die Trockensubstanz muß mindestens 42% Fett enthalten), halbfett (zwischen 41 und 21% Fettanteil) und Magerkäse (mit weniger als 20% Fettanteil). Das italienische Gesetz verbietet jedoch die Produktion von Käsesorten, die weniger als 25% Fettanteil aufweisen. Dies ist auch der Grund, weshalb man beim Käsehändler keine eigentlichen Magerkäsesorten findet.
Sehr verbreitet ist in Italien der *Ricotta,* eine Art Rahmquark, der aus frischer, lockerer Molke gewonnen wird, die bei der Produktion von Schafskäse anfällt. Der Ricotta kann nicht den eigentlichen Käsesorten zugeordnet werden, auch wenn er rege konsumiert wird, sei es im Rohzustand, sei es weiterverarbeitet in den verschiedensten Koch- und

Backrezepten, angefangen bei den Ravioli mit Ricotta- und Spinatfüllung bis hin zu den Torten aus süßem Ricotta und Mürbeteig.
Der erste Rang gebührt sicher dem Käse, der offiziell die Bezeichnung „grana" trägt, während er außerhalb Italiens als *Parmesan* bekannt ist. Es handelt sich dabei nicht bloß um ein Nahrungsmittel von hervorragendem Geschmack und hohem Nährwert (obschon sein Fettgehalt seltsamerweise nur knappe 32% beträgt), sondern auch um eine außerordentlich wichtige Zutat zu vielen italienischen Gerichten, angefangen bei der „pasta asciutta", den auf vielerlei Arten zubereiteten Eierteigwaren, und beim Risotto, beides Gerichte, die ohne den Parmesankäse undenkbar sind – nur bei der Zubereitung von Fisch wird auf den Käse verzichtet. Das italienische Gesetz billigt die Bezeichnung „parmigiano reggiano" allein dem Grana zu, der in den Provinzen von Bologna und Mantua hergestellt wird. Die Rinden der dicken, 25 bis 30 Kilogramm schweren Käselaibe werden mit Brandzeichen versehen, dem Gütezeichen für erstklassigen, echten Parmesankäse. Ein anderes weites Gebiet, das vom Piemont bis zur Romagna reicht, produziert den „grana padana", den Grana aus der Poebene; auch dieser Name ist gesetzlich geschützt, das Gebiet, das ihn produzieren darf, genau umschrieben. Jeder andere Käse dieses Typs darf nur als „grana" verkauft werden. Es handelt sich dabei stets um Hartkäse, der während mindestens eines Jahres gelagert ist (bessere Qualitäten haben jedoch eine längere Lagerzeit hinter sich), bis der Käse eine leicht gelbliche Farbe und seinen delikaten, pikanten Geschmack angenommen hat. Der Grana wird mit einem Spezialmesser in unregelmäßige Stücke geschnitten und darf erst unmittelbar vor Gebrauch gerieben werden, noch besser läßt man die Flocken direkt auf das Gericht schneien. Italienische Feinschmecker lehnen den bereits geriebenen, in Schachteln oder Tütchen abgepackten Parmesan ganz entschieden ab; mit Recht, handelt es sich dabei doch meist um ein unattraktives Pulver, das Geschmack und Parfüm zum größten Teil verloren hat. Zusammen mit einem Glas erstklassigem Rotwein (Barolo, Barbaresco, Brunello di Montalcino) ist ein Stückchen guter Grana auch ein hervorragendes Dessert.
Der *Gorgonzola* gehört zu den international bekannten Käsesorten, die mit dem edlen Schimmelpilz penicillum glaucum geimpft werden, der mit seinen Verästelungen schließlich den ganzen Käse durchdringt – dunkelgrün bei den sogenannten „traditionellen" Sorten, heller, wenn der Edelpilz erst am Schluß zugesetzt wird, um einen milden Käse zu erhalten, der heute mehr geschätzt wird. Auch in Italien selbst gibt man heute eher dem Käse von zarterem Geschmack den Vorzug, dafür konsumiert man ihn in größeren Mengen als die würzigeren Sorten. Dieser Käse verdankt seinen Namen dem Ort Gorgonzola in der Lombardei, einer Gegend, wo früher die Rinderherden haltmachten, wenn sie zum Überwintern von den Bergen in die Ebene zogen. Nach der Legende soll es hier einen Gastwirt gegeben haben, der den Käse von den Rinderhirten als Zahlung entgegengenommen, in seinem Keller lagerte und damit, unfreiwillig, den Schimmelpilz provozierte. Der so entstandene Käse entpuppte sich schließlich als sehr wohlschmeckend. Der Gorgonzola ist ein Käse mit hohem Fettgehalt (bis zu 55%), der in Laiben von ca. 10 Kilogramm hergestellt wird. Man genießt ihn gerne als Dessert-

käse, doch geht man heute mehr und mehr dazu über, ihn auch in der Küche zu verwenden, etwa zum Würzen von Gnocchi oder Risotto. Seine Produktions- und Reifezeit erstreckt sich über etwa 90 Tage in kühlen und feuchten Lagerräumen. Er wird in der Lombardei und in der piemontesischen Provinz Novara hergestellt.
Ebenfalls lombardischer Herkunft ist der *Stracchino* (auch Crescenza genannt), ein sehr weicher Frischkäse ohne Rinde, der in der typisch quadratischen Form, ungefähr 2 Kilogramm schwer, auf den Markt kommt. Er wird – oft unter einem exklusiven Namen – von großen Käsereien hergestellt, die dank rascher Beförderung durch Kühlwagen in der Lage sind, den Käse in ganz Italien in hervorragender Qualität auf den Markt zu bringen. Der Stracchino muß denn auch sofort nach seiner Herstellung konsumiert werden, andernfalls färbt er sich gelblich und nimmt ein säuerliches und leicht bitteres Aroma an. Um wirklich sicher zu sein, daß man ihn frisch kauft, verlangt man ihn lieber offen als in den fertig abgepackten Portionen von ca. 250 Gramm.
Aus Süditalien stammt der *Mozzarella,* ein anderer Frischkäse, der ebenfalls zum baldigen Konsum bestimmt ist und in unregelmäßigen Kugeln von ca. 200 Gramm oder in ganz kleinen Portionen „bocconcini" erhältlich ist. Die schneeweiße Käsemasse ist kompakt und nur leicht gewürzt. Nach altem Brauch wird sie für die Pizza verwendet, gehört jedoch auch in den Tomatensalat, der dann „alla caprese" (nach Capri-Art) heißt. Der echte Mozzarella sollte aus Büffelmilch hergestellt sein, doch wird er heute auch im Norden und mit Kuhmilch hergestellt. Kenner genießen ihn mit etwas Salz, Pfeffer und Olivenöl.
Ebenfalls aus dem Süden stammt der *Provolone* oder *Caciocavallo,* in zwei Typen bekannt, einem milden und einem länger gereiften pikanten, dessen längliche Laibe paarweise mit einem Schnürchen zusammengebunden und über eine Stange gehängt werden. Die Formen und Gewichte sind sehr unterschiedlich und schwanken zwischen den „provolette" von ungefähr 200 Gramm und den „giganti", den Riesen, von mehr als 5 Kilogramm. Der milde Provolone wird heute dem pikanten vorgezogen. Man verwendet ihn auch in einigen Rezepten Süditaliens, z.B. für die „involtini di carne" (Fleischrouladen) oder den sizilianischen Braten, den sogenannten „falso magro".
Industriell hergestellt wird der *Bel Paese* (ein großer Käsereiindustriebetrieb besitzt das alleinige Recht zur Verwendung des Namens). Es handelt sich um einen Weichkäse aus Kuhmilch, nur leicht gewürzt, mild und sehr fett. Seit 1906 hat der Bel Paese das gleiche Rezept und dieselbe Etikette beibehalten, auf der die geografische Karte Italiens abgebildet ist, das Land, das schon vor vielen Jahrhunderten von Petrarca als „bel paese", das schöne Land, besungen worden ist. Käsesorten, die dem „Bel Paese" ähnlich sind, jedoch von anderen Industriebetrieben hergestellt werden, heißen „italici".
Die Molke aus der Milch der in Latium und auf Sardinien noch immer sehr verbreiteten Schafe gestatten den handwerklich betriebenen Käsereien die Herstellung des römischen bzw. sardischen *Pecorino.* Dabei handelt es sich um einen harten, aromatisch-pikanten Käse, der heute etwas weniger gefragt ist als früher. Als Reibekäse für gewisse alte Rezepte unerläßlich, wird der Pecorino heute vielfach durch Grana ersetzt. Die in

der Toscana hergestellten Pecorini werden gerne frisch verzehrt, d.h. bevor sie hart werden wie jene, die für die Verwendung in der Küche bestimmt sind.

Einen kurzen Hinweis verdienen auch einige ausgesprochen regionale Käsesorten, die heute jedoch überall erhältlich sind. Aus dem lombardischen Val Taleggio stammt der *Taleggio,* der dem Stracchino ähnlich ist, jedoch – anders als dieser – so lange gelagert wird, bis er einen pikanten Geschmack, eine gelbliche Farbe angenommen und eine braune Rinde gebildet hat. Das Aostatal ist berühmt für seinen *Fontina,* einen Käse mit kompakter Rinde und weichem Innern. Er findet bei der Zubereitung der „costolette alla Valdostana", der Koteletts nach Art des Aostatales und der „Fonduta" Verwendung, die mit Eiern und Milch gemacht wird und sich dadurch deutlich von den schweizerischen und savoyischen Fondues unterscheidet. In Venetien finden wir den *Asiago* und den *Montasio,* beides kompakte, jedoch nicht harte Käsesorten (dem Tilsiter nicht unähnlich), von denen der letztere einen pikanteren Geschmack aufweist. *Tomini* heißen die kleinen, aus der Lombardei stammenden Frischkäse. Der „mascarpone" schließlich ist eine dickflüssige Creme, von ähnlicher Konsistenz wie die konzentrierte Sahne, die von lombardischen Käsereien angeboten wird.

Neben diesen bekannten Käsesorten werden von Molkereien, die sich zu Kooperativen zusammengeschlossen haben, praktisch überall kleine frische oder kurz gelagerte Käse aus Eigenproduktion angeboten. Dabei handelt es sich nicht etwa um exklusive Sorten oder charakteristische Einzelgänger, sondern vielmehr um gefällige, aber anspruchslose Produkte, die gerade deswegen geschätzt werden, weil sie keinen zu ausgesprochenen Charakter besitzen. Ihren Namen verdanken diese Käsesorten ihrer Konsistenz und ihrem Geschmack: caciotte, caciottele, formagelle, robiole, panerini (panera bedeutet im lombardischen Dialekt Sahne), andere Sorten mit noch weicherer Konsistenz heißen etwa cremini, fioroni, formaggini oder auch – selbst wenn sie aus Kuhmilch hergestellt sind – caprini. Die Büffelkäsesorten (provole) können mit einem gelagerten Mozzarella Ähnlichkeit aufweisen. Es gibt, als Variante, auch geräucherten Büffelkäse, „provole affumicato", der dann eine dunkelbraune Farbe hat. Und schließlich gibt es noch wie überall in der Welt die zahlreichen Schmelzkäsesorten, die, portionenweise in Stanniolpapier verpackt, jedoch in Italien nicht besonders gefragt sind.

Die italienischen Weine

Italien ist eines der größten Weinproduktionsländer der Welt. Auch für den italienischen Wein gilt, was wir schon beim Käse sagten: Die besonderen historisch-politischen Verhältnisse in diesem Land, die langwährende Aufsplitterung in zahlreiche Kleinstaaten, verhinderten eine gegenseitige Abstimmung und Angleichung der Produktion und trugen dazu bei, daß sie ihren sehr unterschiedlichen Charakter behielt. Jahrhunderte lang wurde der italienische Wein, von wenigen Ausnahmen wie etwa dem Chianti abgesehen, ohne Namen und ohne irgendwelche Qualitätsprädikate verkauft. Erst seit dem 12. Juli 1963 gibt es ein Gesetz, das die Kriterien festlegt, denen ein Wein genügen muß, um die Bezeichnung D.O.C. („denominazione di origine controllata", was dem französischen „appellation contrôlée" entspricht), führen zu dürfen. Dergestalt qualifizierter Wein muß immer in verschlossenen, versiegelten Flaschen angeboten werden; das Etikett muß den Namen des Weins, den Produzenten, die Herkunft sowie den Alkoholgehalt enthalten. In manchen Gaststätten, gelegentlich sogar in sehr renommierten und teuren Lokalen, kann man aber auch noch einen offenen Hauswein, den „vino della casa", in der Karaffe bekommen. Nicht selten handelt es sich dabei um angenehme, gefällige Weine, ganz besonders bei den meist sehr kühl servierten Weißweinen. Überdies sind sie auch vom Preis her meist sehr akzeptabel. Wer jedoch die absolute Gewähr haben will, daß er wirklich original italienischen Wein kostet und auch wissen will, woher dieser Wein kommt, sollte einen D.O.C.-Flaschenwein wählen, der erst am Tisch entkorkt wird.
Die alten Griechen haben Italien als „Weinland" bezeichnet. Und in der Tat bringt so gut wie jede Gegend ihren eigenen Wein hervor. Wie in allen Ländern, die Wein produzieren, so wirkt sich auch in Italien die Zusammenarbeit der Weinbauern mit den „Weintechnikern" stabilisierend auf die Weinqualität aus. Ihrer Forschungsarbeit ist es zu danken, daß der Wein heute haltbarer geworden ist, seinen typischen Geschmack und sein Aussehen länger beibehält und daß die Mängel, die solche Lagerung früher verhinderten, weitgehend ausgeschaltet werden konnten. Die modernen Methoden der Weinherstellung erlauben es heute auch, Weine zu transportieren, die früher nur am Ort ihrer Erzeugung genossen werden konnten.

Ein Beispiel dafür ist der *Lambrusco,* ein an sich kurzlebiger, moussierender Rotwein aus der Emilia, der heute selbst in die Vereinigten Staaten exportiert werden kann. Dies hat zur Etablierung von Weinmarken und -etiketten beigetragen, die sich auch ein Ausländer mit begrenzten Weinkenntnissen merken kann. Ohne Zweifel: Diese Marken bieten eine gewisse Garantie, und wer nach Italien kommt, sollte auf jeden Fall versuchen, einige davon selbst kennenzulernen, sie können sich sehr wohl als erfreuliche Überraschung erweisen. Die Restaurants, die über einen eigenen ausgebildeten Kellermeister verfügen, sind selten, aber fast immer ist entweder der Patron oder der Oberkellner ein genügend kompetenter Ratgeber, mindestens, wenn es um die Weine der eigenen Region geht. In den einfachen Restaurants ist es fast immer der Inhaber, der sich selbst um den Einkauf des Weines kümmert und dabei oft auch ganz kleine Weinbauern und -produzenten berücksichtigt, die sein besonderes Vertrauen genießen.
Ein Wein kann sich sowohl durch die Rebe, aus der er gekellert wurde, wie auch durch die Region, in der er gewachsen ist, charakterisieren. Das dafür typischste Beispiel ist der Barbera, die in Italien verbreitetste Traubenart, aus der sowohl einfache Rotweine für den täglichen Konsum, wie auch ausgewählte und zur Lagerung geeignete „superiori“ (Spitzenweine) gekeltert werden. Die am meisten geschätzten *Barbera-Weine* kommen aus dem Piemont, wobei besonders diejenigen aus dem Monferrato und dem Asti herausragen. Aber es wird auch Barbera im „Oltrepò Pavese“ – das ist ein bekanntes lombardisches Weinbaugebiet bei Pavia, südlich des Po – erzeugt, der den piemontesischen Kreszenzen ruhig an die Seite gestellt werden darf, und auch in der Emilia wird Barbera angebaut.
Im Piemont, besonders auf den Hügeln um die kleine Stadt Alba herum, wachsen, außer dem Barbera, noch einige andere große Rotweine, die zu den besten des Landes zählen. Unter ihnen stehen der *Barolo* und der *Barbaresco* an der Spitze, zwei Weine, die beide ihren Namen von Ortschaften herleiten. Der erstere darf erst nach mindestens drei Jahren Lagerung verkauft werden. Er ist sehr gehaltvoll, körperreich, harmonisch und – teuer. Der Kenner genießt ihn am liebsten mit Wild, aber auch und besonders zu einem charaktervollen, reifen Käse, etwa einem Parmesan oder einem Taleggio. Der Barbaresco, der aus derselben Traube gewonnen wird, zeigt sich von der besten Seite eher zu Braten oder auch zu einem Risotto, vor allem, wenn dieser mit demselben Wein zubereitet ist. Beide Weine sollten, wenn immer möglich, einige Stunden vor dem Trinken entkorkt werden, damit sie ihr Bouquet voll entfalten können. Wo das nicht möglich ist, kann man sich ebensogut an einen jüngeren und einfacheren Wein halten.
Andere sehr geschätzte Weine aus dem Piemont sind der *Fara,* der *Boca,* der *Ghemme,* der *Gattinara* und, unter den leichtesten, der *Grignolino* und der *Colcetto.* Unter den weißen Weinen der Region ist der berühmteste natürlich der *Asti spumante,* ein lieblicher Schaumwein und sehr geeignet als Dessertwein. Unter den Weißweinen, die im Grenzgebiet zu Ligurien wachsen, ist der *Gavi di Gavi* bekannt, besonders gut ist der *Scolca.*
Weiter ostwärts kommen wir in die Gebiete, die die meisten Weißweine produzieren, sie umfassen Teile Veneziens, des Trentino und Südtirols. Zwei Namen haben hier

besonderen Klang: der *Soave,* benannt nach dem Gebiet, das im Zentrum der Produktion liegt. Der Soave, vor allem der „classico" (aus dem Zentrum des Erzeugungsgebietes), wird von Weinkennern als elegant, trocken und geschmeidig definiert. Er hat keinen zu ausgeprägten Eigengeschmack, was ihn zu einem idealen Begleiter verschiedenster Speisen macht – von Fisch bis zu weißem Fleisch – und der auch von denjenigen angenehm empfunden wird, die Getränke mit ausgeprägtem Eigencharakter nicht mögen. Auch der *Pinot* mit seinen beiden Varianten, dem weißen und dem grauen (Farbbezeichnungen, die sich mehr auf die Traube als auf den Wein beziehen, der allerdings auch bisweilen einen gräulich-kupferfarbenen Ton annimmt), ist ein trockener Weißwein, leicht parfümiert und sehr geschmeidig. Es gibt nicht sehr viele Pinot-Regionen. Er wächst vor allem in Venetien, in einem Collio genannten Gebiet, im Goriziano und an den Hügeln und Berghängen Südtirols. In Südtirol wachsen auch andere hervorragende Weiße mit schönem Bouquet: Sylvaner, Riesling, Traminer und schließlich der besonders aromatische Gewürztraminer. Wer in die Gegend von Brixen kommt, der sollte unbedingt einen Abstecher nach Neustift (Novacella) machen, einer unweit von Brixen gelegenen, ehemaligen Abtei, deren Kellerei die verschiedenen Weine aus klösterlichem Gutsbesitz zur Kostprobe und zum Kauf anbietet.
Außer einigen beachtlichen Rotweinen, wie dem *Cabernet,* dem *Merlot* und im Veronese (Gegend von Verona) dem *Amarone,* den es in einer süßen und einer herben Variante gibt, produziert Venetien den rarsten und kostbarsten (auch teuersten) Dessertwein Italiens, den *Picolit,* parfümiert und von unverwechselbarem Geschmack. Für den Preis einer Flasche kann man leicht dreißig „normale" Flaschen Wein kaufen. Daher wird man ihn wohl nur bei ganz besonderen Gelegenheiten bestellen.
Die Emilia-Romagna bringt überwiegend weniger gewichtige, aber gefällige Weine hervor, die hervorragend zur Küche dieser Region passen, die zu den reichsten und „bestgewürzten" des Landes gehört. Wie bereits erwähnt, wächst auch der moussierende, spritzige *Lambrusco,* von dem es mehrere Qualitäten gibt – die beste aus der Gegend um das Städtchen Sorbara –, hier in der Emilia. Er ist der ideale Wein zum „zampone" von Modena, einer Art Wurst aus gehacktem Fleisch, das in die Haut eines Schweinefußes gefüllt wird. Weitere erwähnenswerte Weine sind der *Sangiovese di Romagna* und der *Gotturnio* aus dem Piacentino, der Gegend von Piacenza. Auch die Weißen sind leicht und sofort trinkfertig und sollten daher möglichst jung getrunken werden. Die verbreitesten unter ihnen sind der *Dorato Albana* und der heute auch in einer moussierenden Variante angebotene, sehr kühl zu genießende *Trebbiano.* Er eignet sich vor allem zu gebackenem Fisch und Grilladen.
Aushängeschild der toskanischen Weine ist der *Chianti,* der nicht aus einer einzigen Rebsorte gekeltert wird, sondern aus vier verschiedenen, die allerdings im gleichen Anbaugebiet wachsen. Ein kleines am Hals der Flaschen angebrachtes Etikett zeigt an, ob es sich um „Chianti classico", den meist vor dem Abfüllen in Eichenfässer gelagerten Chianti, aus dem Herzen des Anbaugebietes handelt – das Etikett zeigt dann einen kleinen schwarzen Hahn – oder um Chianti aus anderen Gebieten, der mit einem kleinen „putto" gekennzeichnet ist. Dieser Wein kann sowohl jung als auch nach zwei

bis drei Jahren Reifezeit getrunken werden, gelegentlich übersteht er auch ein Jahrzehnt der Lagerung mit Gewinn. Er eignet sich hervorragend zu den traditionellen toskanischen Speisen, vor allem zu Rindssteak und gegrilltem Fleisch. Ein sehr kleines Gebiet bringt den vielgepriesenen *Brunello di Montalcino* hervor, einen der Glanzpunkte der italienischen Weinproduktion, einen sehr alterungsfähigen, samtenen, körperreichen Rotwein mit viel Bouquet. Natürlich ist er nicht billig.
Etwas weniger verbreitet sind die Weißweine der Toskana, etwa der *Capezzana* und der *Vernaccia.* Zum Nachtisch, vor allem, wenn die „cantucci" genannten Biskuits gereicht werden, trinkt man gerne ein Gläschen goldgelben, likörartigen *„vin santo"*. Er trägt diesen Namen, weil er häufig auch als Meßwein verwendet wird.
Umbrien war noch bis vor wenigen Jahren vor allem wegen des *Orvieto* ein Begriff, sei er trocken, lieblich oder süß. Heute sind es zwei weitere hervorragende Weine, die zum Ruhm dieser Landschaft beitragen, der weiße *Torre di Giano* und der rote *Rubesco.* Sie wachsen beide auf den Weingütern einer Torgiano genannten Gegend vor den Toren von Perugia.
An der adriatischen Küste, in den Marken, ist es vor allem der *Verdiccio,* ein ausgezeichneter „Fisch-Wein". Er wird in merkwürdig geformten, entfernt an römische Amphoren erinnernde Flaschen verkauft. Der beste ist der *Castelli di Iesi.*
Vino dei Castelli heißt auch jener Wein, der auf den Hügeln Latiums gedeiht und den man meistens in den Trattorien Roms vorgesetzt bekommt. Es handelt sich dabei nicht um einen einzigen Wein, sondern um eine ganze Gruppe von Weißweinen, die nach ihren Ursprungsgebieten benannt sind: *Frascati, Velletri, Montefiascone* und vor allem *Marino,* eine Gegend, in der im Herbst während des Weinfestes Wein sogar aus dem Brunnen quillt. Gelegentlich begegnet man sogar einem der schon im alten Rom berühmten Weine, wie dem *Cecubo* oder dem *Falerno.* Bekannt ist auch schon wegen seines merkwürdigen Namens der *Est! Est!! Est!!!.*
Noch weiter südlich nimmt der Alkoholgehalt der Weine zu, und damit werden sie auch körperreicher und schwerer. Beachtenswerte Weine, rote wie weiße, wachsen in Kampanien, vor allem auf den Inseln Ischia und Capri, auf der Halbinsel, die den Golf von Neapel vom Golf von Salerno trennt (hier vor allem die exzellenten Ravello-Weine) und an den Abhängen des Vesuv. Die Kenner streiten sich darüber, ob zu Pizza, die so sehr zum Ruhme Neapels in aller Welt beigetragen hat, oder auch zu Spaghetti, überhaupt Wein genossen werden oder ob man sich nicht vielmehr auf Wasser, ganz kaltes, frisches, natürliches Wasser beschränken sollte. Ein Vorschlag, der übrigens auch in der Literatur, bei Alexandre Dumas dem Älteren, Unterstützung findet, ist der, zu diesen Speisen einen ganz schlichten, leichten Weißwein zu trinken, beispielsweise einen *Asprino* – ein Kompromiß, den zu akzeptieren man besonders an einem heißen Tag sicher gerne bereit ist.
Apulien ist seit Jahrhunderten als Reservoir für Tischwein von angenehmen Eigenschaften bekannt, der zudem günstig im Preis ist und überall gerne getrunken wird. Er wird vorwiegend als sogenannter offener Wein, ohne Etikett in der Karaffe ausgeschenkt, vor allem in Gaststätten. Einige Weine, die größerer Aufmerksamkeit wert sind,

werden auch als Flaschenweine angeboten. Neben den wenig profilierten *Barletta, Manuria, Martina Franca, San Severo* gibt es in Weinhandlungen und besseren Restaurants den raffinierteren und harmonischeren *Castel del Monte,* sowohl als Weißen wie als Roten, und den *Primitivo* aus Bari und Lecce. Aus Apulien kommen außerdem auch verschiedene Roséweine. Hier, wie in anderen Regionen auch, sind diese Rosés das Resultat verbesserter Weinherstellungstechnik, die es erlaubt, die roten Trauben genau bis zu dem Punkt zu keltern, an dem die gewünschte Farbe erreicht ist.
In Kalabrien schätzt man vor allem den *Cirò* als Weißwein und als Rotwein, den *Rosé Cerasuolo* und den weißen *Greco.* Auch hier weist der Wein im allgemeinen einen eher höheren Alkoholgehalt auf als weiter nördlich.
Sizilien verdankt seinen Ruf in erster Linie einem weltbekannten Dessertwein mit hohem Alkoholgehalt (minimal 17°), der in einem besonderen Herstellungsverfahren nach einem alten, im 19. Jahrhundert von den Engländern etwas abgewandelten Rezept gewonnen wird: dem *Marsala,* von dem der englische Admiral Nelson gesagt haben soll, er sei „der Tafel eines Edelmannes würdig". Den Engländern war es vorbehalten, als erste dem Marsala Prädikate zu geben: Sie bezeichneten die besten Qualitäten mit S.O.M. (Superior old Marsala) und V.V.O.M. (very very old Marsala). Die heutigen Etiketten bezeichnen die beste Qualität mit dem Wort „vergine" (jungfräulich). Man tut gut daran, diese Qualität zu wählen, auch wenn sie nicht billig ist, um mit Sicherheit keine Enttäuschung zu riskieren.
Heute produziert man in Sizilien auch ausgezeichnete Tafelweine: Außer dem traditionellen weißen *Corvo* haben auch der *Regaleali,* der weiße *Alcamo* und einige Ätnaweine sehr gewonnen. Nicht zu vergessen als Dessertwein der *Passito di Pantelleria.*
Schließlich hat auch Sardinien seinen Wein, meist von kraftvollem und großzügigem Charakter: der rote *Cannonau,* der *Girò di Cagliari* und der goldene *Vernaccia di Oristano,* der von der großen Gesellschaft Liguriens schon vor Jahrhunderten als Apéritif geschätzt war.
Ein Ratschlag zum Schluß: Im allgemeinen, vor allem in Gaststätten einfacherer Art, sollte man sich an die Weine der betreffenden Region, die einfachen Landweine, halten, die auch von den Ortsansässigen getrunken werden. Sie sind meistens reell und gut, weil man davon etwas versteht, sie kennt und sie auch besser zu halten versteht. Die teureren Weine, die aus anderen Gegenden des Landes kommen, sollte man besser nur in den großen Restaurants von einem gewissen Niveau bestellen, in denen solche Flaschen öfter auf den Tisch kommen und nicht als „Exoten" angesehen werden. Schließlich sollte man nicht vergessen, daß in verschiedenen Regionen, vorwiegend in Venetien, Piemont, der Lombardei und der Toscana, exzellente „spumanti" produziert werden, die nach der „méthode champenoise" ihren Gärungsprozeß in der Flasche durchmachen. Auf diesem Spezialgebiet sind in den letzten Jahren große Fortschritte erzielt worden, so daß man heute auch in Italien einen hervorragenden, sehr trockenen (brut) Schaumwein italienischer Provenienz getrost bestellen darf, und dazu noch zu einem sehr vernünftigen Preis.

ALBERGO RISTORANTE „BELVEDERE“ La Morra (Cuneo)

Salat aus frischen Pfifferlingen

Auch ohne das luxuriöse Zusatzaroma des Trüffels ist der Salat aus frischen Pfifferlingen eine empfehlenswerte Vorspeise, die zu vielerlei Menüs paßt.

Die Pilze gut putzen und in sehr feine Blättchen schneiden. Öl, Zitronensaft, Eigelb, die feingehackte Petersilie und die kleingeschnittenen Sardellen in eine Schüssel geben. Die Knoblauchzehe etwas zerdrücken, an eine Gabel stecken und damit die Sauce rühren, bis sie cremig ist. Die Sauce über die Pilze gießen und sorgfältig mischen. Sofort servieren. Ein paar Trüffelscheibchen zum Garnieren sind das Tüpfchen auf dem i.

Coconi in insalata

4 bis 6 Personen
800 g Pfifferlinge, 1 Büschel Petersilie, 3 Sardellen, 1 Glas Olivenöl, 2 Zitronen (Saft), 2 Eigelb, 1 Knoblauchzehe, 1 Trüffel

RISTORANTE PIERINO Vigano

Riesenkrevetten mit Trüffel

Eine sommerliche, exquisite Vorspeise.

Die Riesenkrevetten vom Darm befreien, zusammen mit dem Gemüse, etwas Salz und Zitronensaft 15–20 Minuten garkochen und erkalten lassen. Danach die 4 Karotten im gleichen Sud knapp weichgaren und erkalten lassen. Die Krevetten schälen, der Länge nach halbieren und in flache Teller legen (nur die eine Hälfte des Tellers dazu beanspruchen). Darüber die in feine Streifchen geschnittenen Karotten verteilen. Die Grapefruit schälen, auch bei den einzelnen Schnitzen die Haut entfernen und einige Schnitze neben die Krevetten legen. Die Trüffel mit dem Öl mischen, mit etwas Salz würzen und die Krevetten damit garnieren.
Dazu gehört ein junger Soave classico. Im Pierino wird er in hohen Kelchgläsern serviert und darauf geachtet, daß die Temperatur des Weines bei 12° C liegt.

Gamberoni tartufati

4 Personen
12 Riesenkrevetten (ca. 100 g pro Stück), 4 zarte Karotten, 4 EL Olivenöl extravergine, 1 rosa Grapefruit, 1 schwarzer Trüffel, 1 Gemüsebündel (bestehend aus Sellerie, Karotte und Gewürznelken), 2 EL Zitronensaft, Salz

Sardinen süß-sauer

Mit dem Vaporetto zu der malerischen Insel Burano in den Lagunen Venedigs tuckern, auf der die kunstvollen Stickereien entstehen – welcher Italienfan denkt nicht mit Sehnsucht daran zurück? Das süß-saure Sardinengericht hilft Ihnen dabei, als Vorspeise oder sogar als preisgünstige Beilage zu einem Sommerbuffet.

Die Fische ausnehmen (Köpfe nicht wegschneiden), salzen und mit Pfeffer bestreuen, in Öl anbraten. Darauf achten, daß die Fische dabei nicht austrocknen. Die Zwiebeln in feine Streifchen schneiden und in Öl dünsten. Salzen und in wenig Wasser knapp weich kochen. Den Boden einer Platte mit der Hälfte der erkalteten Sardinen auslegen und die Hälfte der Zwiebeln darüber verteilen. Die Hälfte der Wacholderbeeren, der Pinienkerne und der vorher in heißem Wasser eingeweichten Rosinen darüberstreuen. Etwas Essig darüberträufeln. Dann in gleicher Reihenfolge eine zweite Lage einfüllen. Die zweite Hälfte der Zutaten darüberverteilen. Dieses Gericht mindestens 36 Stunden ziehen lassen. Ganz raffinierte Köche schichten die Fische alle 12 Stunden sorgfältig um, so daß beide Lagen abwechslungsweise zuunterst liegen und den Saft und den vollen Geschmack der Zwiebeln aufnehmen können.
Auf Burano trinkt man dazu einen italienischen Riesling.

Sarde in saor

4 Personen
12–16 frische Sardinen, 1/2 Glas Sonnenblumenöl, 4 mittelgroße Zwiebeln, Salz, Pfeffer (schwarz), 12 Wacholderbeeren, 2 EL Pinienkerne, 2 EL Rosinen, 2 dl Weißweinessig

Äolischer Meerfrüchtesalat

Äolus, der Gott der Winde, soll der Legende nach auf den liparischen Inseln seinen Sitz gehabt haben, und so werden diese landschaftlichen Juwele vor der Küste Siziliens auch äolische Inseln genannt – was wiederum den Namen des phantasievollen Salates aus frischen Meerfrüchten erklärt.

Die Meerfrüchte unter fließendem kaltem Wasser gut putzen. Viel Wasser zusammen mit Zwiebel, etwas Salz und Weißwein zum Siedepunkt bringen und die Muscheln, Schnecken und Garnelen darin 3–4 Minuten kochen. Abtropfen lassen und die Schalen entfernen. Den Sud sieben und beiseitestellen. In separatem Salzwasser die Kraken und Tintenfische 10 Minuten weichkochen. Gut abtropfen, in kleine Stücke schneiden und mit den Meerfrüchten mischen (diese ganz belassen). Mit etwas Olivenöl beträufeln, Petersilie, Knoblauch und gehackte Pfefferschote darüberstreuen, Oliven, Kapern und etwas Salz darauf verteilen. Wenig Muschelsud mit dem Zitronensaft mischen und darübergießen. Die Platte mit den Zitronenscheiben und dem Selleriekraut dekorieren.

Insalata di mare eoliana

4 Personen
1 kg Meerfrüchte (Miesmuscheln, Meerschnecken, Venusmuscheln, Austern etc.), 200 g kleine Kraken, 200 g Garnelen, 200 g kleine Tintenfische, 1 Zwiebel (in Scheiben geschnitten), 1 Glas Weißwein, 7–8 EL Olivenöl extravergine, 1/2 EL Petersilie gehackt, 1/2 Knoblauchzehe gehackt, 50 g schwarze Oliven, 50 g Kapern, 1/2 Pfefferschote, 1 Zitrone (Saft), 1 Zitrone (in feine Scheiben geschnitten), Selleriekraut, Salz

RISTORANTE AL PORTO Milano

Cozze gratinate

6 Personen
1500 g Miesmuscheln, 150 g Paniermehl, 50 g geriebener Parmesan, 4 gehackte Knoblauchzehen, 1 Handvoll gehackte Petersilie, 1 dl Olivenöl extravergine, Salz und Pfeffer

Gratinierte Miesmuscheln

Überraschend einfach in der Zubereitung und dazu noch preisgünstig ist diese farbenfrohe, originelle Vorspeise, deren Rezept aus einem der besten Fischrestaurants Mailands stammt.

Paniermehl, Parmesan, Knoblauch, Petersilie, Salz und Pfeffer gut mischen und mit wenig Ölivenöl befeuchten. Muscheln mit Dampf öffnen (vgl. Grundrezept S. 153). Die leeren Hälften der Schalen wegwerfen und die anderen Hälften mit dem Muschelinhalt nach oben gerichtet in eine feuerfeste, eingeölte und möglichst weite Backform legen. Mit einer dünnen Schicht der vorbereiteten Mischung bedecken und mit wenig Olivenöl übergießen. Im Backofen bei 180° C während 8–10 Minuten backen. Warm servieren.
Ein Vernaccia di San Gimignano wird im Al Porto dazu serviert, und der paßt ausgezeichnet.

RISTORANTE LOCANDA DELL'ANGELO Ameglia

Gamberi e carciofi

4 Personen
4 Artischocken, 20 frische, mittelgroße Krebse, 1 Zitrone, Salz, 1 Gewürzbündelchen (Rosmarin, Selleriestaude, Karotte, Zwiebel)

für die Vinaigrette
2 EL Olivenöl extravergine, 1/2 Zitrone (Saft), Salz

für die weiße Sauce
4 EL Mayonnaise, 2 EL Krebssud, 1/4 Glas Sherry

Krebse und Artischocken

Eine sommerliche Vorspeise für verwöhnte Gaumen, sofern die Krebse frisch und die Artischocken jung sind. Damit die Zutaten warm serviert werden können, müssen die Kochzeiten gut eingeplant werden.

Die Artischocken großzügig rüsten, damit nur der zarte Teil übrigbleibt. Mit dem Stück Zitrone einreiben, damit sie sich nicht verfärben. In kochendes Salzwasser geben und 7 Minuten sieden. Gut abtropfen und beiseitelegen.
Die Krebse schälen und während 2 Minuten in kochendem Wasser zusammen mit etwas Salz und dem Gewürzbündchen ziehen lassen. Abtropfen und beiseitelegen. Den Sud aufbewahren.
Nun die weiße Sauce zubereiten. Mayonnaise, Krebssud und Sherry in eine Schüssel geben und im Wasserbad mit dem Schwingbesen so lange kräftig schlagen, bis die Sauce erwärmt ist.
In einer separaten Schüssel die Zutaten der Vinaigrette gut verrühren. Jede Artischocke in 6–8 Schnitze schneiden, sternförmig auf 4 Tellern anrichten und mit etwas Vinaigrette beträufeln. In die Mitte der Teller die Krebse verteilen und mit der weißen Sauce überziehen. Die Teller mit ein paar Büschelchen Petersilie garnieren.

RISTORANTE REGIS SAN ANTONIO Fassano

Bagna Caôda

Die Vorliebe der Piemontesen spiegelt sich in der berühmten Bagna Caôda wieder, einer würzigen Sauce aus Butter, Öl, Knoblauch und Sardellen, die in einem feuerfesten Töpfchen auf den Tisch kommt und auf einer Spiritusflamme heißgehalten wird. Mundgerecht geschnittenes und geputztes Gemüse wird von der Tafelrunde in die Sauce getunkt und als Vorspeise verzehrt.

Die Knoblauchzehen in hauchdünne Scheibchen schneiden und in Butter und Öl auf sehr kleinem Feuer dämpfen.
Die Sardellen in kleine Stückchen schneiden, dazugeben und mit einer Holzkelle rühren, bis sie zerfallen. Den Rahm dazugießen und 10 Minuten fein köcheln lassen. Ständig rühren.

Bagna Caôda

4 Personen
100 g gesalzene Sardellen (ohne Gräte), 1/2 dl Olivenöl extravergine, 4 Knoblauchzehen, 50 g Butter, 1 EL flüssige Sahne
Rohes Gemüse in mundgerechte Stücke geschnitten (Stangensellerie, Kardonen, Paprika, Fenchel, Blumenkohlröschen etc.).

RISTORANTE MANUELINA Recco

Fastenkapaun

Dieser ausgesprochen reichhaltige Salat ist ein typisch ligurisches Fastengericht, das in seiner Zubereitung zwar etwas aufwendig ist; auf das Resultat wird man aber sicher ebenso stolz sein wie der Koch des Ristorante Manuelina, dessen Spezialität es ist.

Zwieback mit einer Knoblauchzehe einreiben und in leichtem Essig-Salzwasser einweichen. Bohnen, Sellerie, Karotten, Kartoffeln zusammen, die anderen Gemüse separat weichkochen. Die Kartoffeln und Karotten in Scheiben schneiden, die anderen Gemüse in Würfel und jedes Gemüse separat mit Öl, Essig und Salz würzen. Den Fisch kochen, zerkleinern und ebenfalls mit Öl, Essig und Salz würzen. Nun wird recht viel Sauce zubereitet. Dazu Petersilie, Pinienkerne, Sardellen, Knoblauch, Kapern, Eigelbe, in Essig eingeweichte Brotkrume und Oliven zerstoßen und salzen. Sobald die Masse schön sämig ist, passieren und dann unter ständigem Rühren das Öl hinzufügen. Languste, Crevetten und Austern kochen. Die 4 Eier hart kochen.
Nun wird der Salat zylinderförmig aufgeschichtet. Zuerst den Zwieback auf eine flache Platte legen und mit etwas Öl beträufeln. Darüber einige Scheiben Thon und ein paar Löffel Sauce geben. Mit den Gemüsen und dem Fisch soviele Lagen wie möglich aufschichten und über jede etwas Sauce gießen. Dabei immer schön mit den Farben abwechseln. Zuoberst mit Thonscheiben zudecken.
Zum Garnieren die Langusten zerteilen und obenauf legen. Auf 8 lange Stäbchen je 1 Crevette, 1 Olive, gezackte Karottenscheibchen, 1 Pilz (oder Artischockenherz) und 1 Sardellenfilet aufspießen. Diese Stäbchen vertikal von oben in die „Salattorte" stecken. Die Eier in Viertel schneiden und auf der Platte abwechslungsweise mit den Austern rundherum legen.

Cappon magro

4–8 Personen (je nachdem, ob als Vorspeise oder als Hauptgericht serviert)
1 Meersau (es kann auch eine Zahnbrasse oder eine Goldbrasse sein), 40 g gesalzener und geräucherter Thon, 1 Blumenkohl, 130 g weiße Bohnen, 3 Karotten, 2 Kartoffeln, 1 Rübe, 1 Bund Schwarzwurzeln, 1 Selleriestaude, 1 Knoblauchzehe, 3 Artischocken, Öl, Essig, Salz, ungesüßter Zwieback

für die Sauce
1 Büschel Petersilie, 40 g Pinienkerne, 20 g Kapern, 2 Eigelb, 1 Glas Öl, 2 Sardellen, 1/2 Glas Essig, 5 Oliven, 1 Knoblauchzehe, Salz, Brotkrume

zum Garnieren
4 Eier, 1 Languste, 8 Crevetten, 8 Pilze (oder Artischockenherzen) in Öl eingelegt, 8 Sardellenfilets, einige Austern, 8 grüne Oliven

LEVONI
LEVONI

RISTORANTE LA FRASCA Castrocaro Terme

Salat aus Kalbsbries und Pilzen an Balsamessig

Der Balsamessig, eine traditionelle Spezialität aus der Gegend von Modena, soll sein volles Aroma erst richtig entfalten, nachdem er fünfzig Jahre in Fässern aus Ginsterholz gelagert worden ist. Selbstverständlich eignet sich zu diesem Salat auch ein etwas weniger illustrer Essig, nur mild sollte er sein, um das feine Aroma der Steinpilze und des Kalbsbrieses nicht zu übertönen.

Das Kalbsbries während zwei Stunden in kaltes Wasser legen. Karotte, Zwiebel, Selleriestaude in Würfel schneiden und zusammen mit dem Kalbsbries in eine Pfanne mit kaltem Wasser geben. Salzen, zum Sieden bringen und während 15 Minuten kochen lassen. Abschütten und erkalten lassen. Die Steinpilze mit einem feuchten Lappen putzen, in feine Scheibchen schneiden und mit Salz bestreuen. Das Kalbsbries trockentupfen, in Scheiben schneiden und mit den Pilzen mischen. Mit Olivenöl, Zitronensaft, einigen Tropfen Balsamessig, Salz und Pfeffer eine sämige Sauce rühren. Das Kalbsbries und die Pilze damit gut mischen und vor dem Servieren mindestens 1 Stunde ziehen lassen.

Insalata di animelle e funghi all'aceto balsamico

4 Personen
300 g Kalbsbries, 1 Karotte, 1 Zwiebel, 1 Selleriestaude, 300 g Steinpilze, 1 Zitrone (Saft), Olivenöl, Salz, Pfeffer, Balsamessig

RISTORANTE ANDREA Meran

Salat aus Kalbsbries, Flußkrebsen und Spargelspitzen

Ein interessanter Frühlingssalat aus Südtirol, dessen Zubereitung jedoch etwas Geduld und Sorgfalt erfordert.

Das Kalbsbries unter fließendem kaltem Wasser waschen und in siedendem Wasser kurz überbrühen. Dann in Wasser zusammen mit Zwiebel, 1/2 Sellerie, 1 Lorbeerblatt, Saft von 1/2 Zitrone und Weißwein 20 Minuten garkochen. In diesem Sud erkalten lassen. Das Kalbsbries in kleine Stücke schneiden. Die Krebse in einem Sud mit Karotte, 1/2 Sellerie, 1 Lorbeerblatt und den Pfefferkörnern 10 Minuten sieden. Herausnehmen, erkalten lassen und schälen. Den Spargel in Salzwasser 20 Minuten weichkochen und nach dem Erkalten in etwa 5–6 cm lange Stücke schneiden. Für die Sauce geben wir den Saft von 3 Zitronen, Salz und Pfeffer, Olivenöl und Rahm in den Mixer und schalten das Rührwerk solange ein, bis die Sauce dickflüssig und cremig geworden ist. Wir geben sie auf Teller, verteilen darüber Kalbsbries, Krebse und Spargelspitzen und garnieren mit Kresse.

Insalata di animella di vitella, gamberetti di fiume e punte d'asparagi

6 Personen
500 g Kalbsbries, 600 g Flußkrebse, 500 g Spargel, 1/2 Zwiebel, 1 Selleriestaude, 1 Karotte, Pfefferkörner, 2 Lorbeerblätter, 4 Zitronen, 1/4 l Olivenöl extravergine, 1/8 l flüssiger Rahm, Salz und Pfeffer, 2 1/2 l Wasser, 1 Glas Weißwein, Kresse zum Garnieren

HOTEL RISTORANTE IL GRISO Malgrate-Lecco

Sfogliate di asparagi

4 Personen
1,8 kg frischer Spargel (von der grünen italienischen Sorte), 300 g Blätterteig

für die Sauce
150 g Butter, 2 EL gehackte Schalotten, 4 dl Wasser, 2 dl Essig, 2 dl Weißwein, Salz, Pfeffer, 10 g geriebener Parmesan, 4 dl flüssiger Rahm, 1 Büschel Petersilie

Spargel zwischen Blätterteigböden

Italienischer Spargel wird auch heute noch vorwiegend in Oberitalien angebaut. Ravenna stand schon bei den alten Römern im Ruf, den zartesten und wohlschmeckendsten Spargel zu liefern. Im Unterschied zum französischen ist der italienische von grüner, satter Farbe, lang und dünn geformt und besonders aromatisch im Geschmack. Die zierlichen grünen Bündelchen ergeben zusammen mit den gelben Blätterteigböden einen hübschen Farbkontrast.

Den Spargel schälen und die hölzernen Teile wegschneiden. Zu Bündchen von etwa 5 cm Durchmesser zusammenbinden. In viel Salzwasser kochen, bis sie knapp al dente sind (ca. 20 Minuten). Für die Sauce Wasser, Essig, Weißwein und Schalotten in eine Pfanne geben und kochen, bis die Flüssigkeit zur Hälfte eingekocht ist. Den Rahm dazugeben und noch einmal um die Hälfte einkochen lassen. Vom Feuer nehmen, Käse und Butter (in Flöckchen) beifügen und mit Salz und Pfeffer würzen. Mit dem Schwingbesen kräftig schlagen, bis Butter und Käse schön zergangen und gut verteilt sind. Sieben und warmhalten. Dabei aufpassen, daß die Sauce nie zum Kochen kommt. Den Blätterteig etwa 5 mm dick auswellen und in 8x4 cm große Rechtecke schneiden. Bei 200° C im Ofen 15–20 Minuten backen. Den Spargel gut abtropfen und die Schnürchen entfernen. Die Teigplätzchen horizontal halbieren. Einen Teil unter den Spargel legen, diesen mit Sauce übergießen und mit reichlich Petersilie bestreuen. Mit der zweiten Hälfte zudecken.

RISTORANTE OSTU BACU Torino

Lumache fritte

4 Personen
50 Schnecken, 1 Büschel Petersilie, 1 Büschel Basilikum, 2 Pfefferschoten, 4 Knoblauchzehen, 2 Eier, 4 EL Milch, Weißmehl, Paniermehl, Öl, Salz und Pfeffer

Schnecken in Öl gebacken

Nicht jedermanns Sache sind Schneckengerichte. Im Piemont werden sie vielerorts lecker zubereitet und gern gegessen.

Die Schnecken sorgfältig einzeln unter fließendem Wasser waschen und 3 Stunden in reichlich Wasser, dem man Salz und Essig zugegeben hat, wässern. Erneut unter fließendem Wasser abspülen und in reichlich Salzwasser etwa 20 Minuten kochen. Die Häuschen entfernen und das Schneckenfleisch noch einmal waschen. Für die Marinade Petersilie, Basilikum, Pfefferschoten und Knoblauch sehr fein hacken.
In einem Schüsselchen mit den Eiern, der Milch, Salz und Pfeffer mischen und rühren, bis eine dickflüssige Masse entsteht. Die Schnecken mit einem Tuch trockentupfen, in Mehl wenden, in die Marinade tauchen und anschließend in Paniermehl wenden. In heißem Öl fritieren, bis sie schön goldbraun sind.

RISTORANTE LOCANDA DELL'AMOROSA Sinalunga (Siena)

Crostini neri

4–6 Personen
50 g Butter, 150 g Hühnerleber, 50 g Sardellen (gesalzen), 50 g Kapern, 1 EL Tomatenpüree, 1 Zwiebel, 2 Büschel Petersilie, 1 Selleriestaude, 1 dl Olivenöl extravergine, 1/2 l Fleischbrühe, 1 dl trockener Weißwein

Schwarze Crostini (Toasts)

Schon der italienische Kochbuchpapst Pellegrin Artusi empfahl seinen Leserinnen Crostini als interessante Variante für Vorspeisen. Ob mit Trüffeln oder Innereien belegt, appetitanregend wirken sie immer. Besonders hübsch präsentieren sich Crostini, wenn das Brot vor dem Rösten in Dreiecke geschnitten wird.

Das Gemüse kleinhacken und in heißem Öl dünsten. Die fein zerschnittene Leber dazugeben, gut anbraten und mit Weißwein ablöschen. Sobald der Wein etwas eingekocht ist, das Tomatenpüree dazugeben und während 1 Stunde gut zugedeckt leicht köcheln lassen. Nach und nach die Fleischbrühe dazugießen. Kapern und Sardellen feinhacken und kurz vor dem Anrichten daruntermischen. Brot in 1 cm dicke Scheiben schneiden, rösten und mit Butter bestreichen. Mit etwas Fleischbrühe beträufeln und sofort mit der vorbereiteten Paste nicht zu dick bestreichen.

RISTORANTE ALFIO Milano

Crostini alla fiorentina

4 bis 6 Personen
100 g Hühnerleber, 100 g Kalbfleisch, 100 g Schweinefleisch, 50 g Kalbsmilz, 1 gehackte Zwiebel, 4 Sardellen, 50 g Kapern, 100 g Butter, 1 Tasse heiße Fleischbrühe, 2 Salbeiblätter, geröstete Brotscheiben

Florentiner Toast

Eine ganze Anzahl der Rezepte, die in der Küche des Ristorante Alfio zubereitet werden, hat die Chefin des Hauses aus ihrer Heimat, der Toscana, mitgebracht. So auch diese besonders typische Florentiner Vorspeise, die zusammen mit einem gemischten Salat aber auch ein leichtes Nachtessen abgeben kann.

Kalb- und Schweinefleisch fein hacken und mit der Zwiebel in etwas Butter anbraten. Während 15 Minuten weiterdämpfen. Die Leber ebenfalls feinhacken und dazugeben. Leicht salzen und kurz mitdämpfen. 1/2 Tasse Fleischbrühe dazugießen und noch 15 Minuten weiterköcheln lassen. Die Sardellen entgräten, zusammen mit den Kapern und der Milz feinhacken und gut daruntermischen. Die gerösteten Brotscheiben mit etwas Butter bestreichen, mit heißer Brühe beträufeln und nicht zu dick mit der vorbereiteten Paste bestreichen. Sofort servieren.

RISTORANTE SOLFERINO Lucca

Le perle di Giampiero

4 Personen
300 g Ricotta oder Rahmquark, 50 g Parmesan, 50 g Mangold (gekocht und gehackt), 2 Eier;

Giampieros Perlen

Eine Art Gnocchi, parfümiert mit weißen Trüffeln.

Ricotta, Parmesan, Mangold, Eier und Gewürze mischen und daraus eine recht feste Masse kneten. Bällchen von 3 cm Durchmesser formen und kurz in siedendes Wasser

geben. Sobald sie an die Oberfläche kommen, herausschöpfen und auf einer vorgewärmten Platte anrichten.
Unterdessen die kleingeschnittenen Trüffel in Butter kurz weichdämpfen, mit Salz und Pfeffer würzen, durch ein Sieb passieren und mit dem geriebenen Parmesan vermischen. Diese Sauce über die „Perlen" verteilen.

Muskatnuß, Salz, Pfeffer nach Belieben

für die Sauce
50 g weiße Trüffel, 50 g Butter,
30 g geriebener Parmesan, Salz, Pfeffer

RISTORANTE CURSULA Cascia

Geröstete Brotscheiben mit schwarzen Trüffeln

Während weiße Trüffel vorwiegend roh genossen werden, müssen schwarze gekocht werden, um ihr volles Aroma entfalten zu können. In Umbrien kommen die schwarzen Edeltrüffel am häufigsten vor, geerntet werden sie zwischen November und März.

1/2 dl Öl zusammen mit einer Knoblauchzehe erwärmen. Sobald der Knoblauch sich zu färben beginnt, die feinzerstoßenen Sardellen dazugeben und mit dem Öl zu einem Brei vermischen. Vom Feuer nehmen und warten, bis sich dieser etwas abgekühlt hat. Die Trüffel im Mörser zerstoßen, dazugeben und mit etwas Salz würzen. Die Brotscheiben rösten, beidseitig mit den Schnittflächen der halbierten Knoblauchzehen einreiben und mit etwas Salz bestreuen. Die Trüffelmasse darüber verteilen, mit wenig Öl beträufeln und sofort heiß servieren.

Bruschetta di Cascia al tartufo nero

6 Personen
6 Scheiben Brot vom Vortag,
4 Knoblauchzehen, 180 g geputzte schwarze Trüffel, 1/2 dl Olivenöl,
3 entgrätete Sardellen, 1 Prise Salz

RISTORANTE SAN DOMENICO Imola

Salat mit Langhirano-Schinken

Auch wenn die Luft schon lange nicht mehr lupenrein ist und die Fleischstücke nicht länger im Kirchturm und in Dachstöcken zum Trocknen hängen, sondern heute gigantische Hallen von Lagerhäusern füllen – der beste Rohschinken kommt noch immer aus Langhirano, einem Gebirgsstädtchen im Hinterland der Emilia. Als „Parmaschinken" wird er in alle Welt exportiert.

Die verschiedenen Salate sorgfältig putzen und waschen. In kleine Stücke schneiden und trockentupfen. In ein großes Küchentuch wickeln. In einer Schüssel Senf, Salz und Pfeffer mit dem Schneebesen verrühren und langsam das Oliven- und das Nußöl hinzufügen. Diese Sauce mit den Salaten vermischen und sofort auf den einzelnen Tellern anrichten. In einer Bratpfanne (wenn möglich aus Gußeisen) den Schinken anbraten. Mit dem Rotweinessig ablöschen und das schwimmende Fett wegschöpfen. Die Flüssigkeit einige Sekunden einkochen lassen und gleichmäßig über die Salatteller verteilen. Sofort warm servieren.

Insalata con prosciutto dolce di Langhirano

4 Personen
1/2 gebleichter Lattich, 50 g Chicorée,
50 g Feldsalat, 50 g Gartenrauke,
100 g Langhirano-Schinken (in Streifchen geschnitten), 1/2 dl roter Weinessig,
1/2 dl Olivenöl extravergine, 1/2 dl Nußöl,
Salz, weißer Pfeffer (frischgemahlen),
1 TL Senf

RISTORANTE NANNINA Imperia

Cannelloni Nannina

4 Personen
300 g Mangold, 100 g Spinat, 3 ganze Eier, 3 Eigelbe, 100 g Mehl, 100 g Reibkäse, 100 g Ricotta oder Rahmquark, 1 EL Olivenöl extravergine, Salz, Pfeffer, 50 g Butter, 1 dl Rahm

Omeletts nach Art von Nannina

Vegetarische gefüllte Omeletts, im Ofen mit Parmesan überkrustet; als leckere Vorspeise oder auch als leicht bekömmliches Abendessen.

Mit Mehl, 3 Eiern und etwas Milch und Wasser einen sämigen Teig rühren. Diesen 1/2 Stunde ruhen lassen.
Mangold und Spinat weichdämpfen und fein hacken. Mit den Eigelben, dem Ricotta und dem Öl mischen, mit Salz und Pfeffer würzen.
Aus dem Teig in heißer Butter 4 Omeletts backen, diese mit Füllung belegen und einrollen. In eine ausgebutterte feuerfeste Form legen, mit flüssigem Rahm übergießen und mit geriebenem Parmesankäse bestreuen. Im vorgeheizten Ofen rund 10 Minuten bei mäßiger Hitze gratinieren und sofort heiß servieren.

RISTORANTE ALFIO Milano

Crêps alla fiorentina

4 Personen
für die Omeletts
1/2 l Milch, 4 Eier, 100 g Mehl, 1 EL Butter, 1 Prise Salz

für die Füllung
1/4 l Milch, 50 g Mehl, 1 EL Butter, 50 g Fontinakäse, 50 g Greyerzerkäse, 50 g Belpaesekäse, 3 EL geriebener Parmesan, 1 geschälte Tomate, Oregano, gehackte Petersilie, 100 g gekochter Schinken (in dünnen Tranchen), Salz, Pfeffer, Muskatnuß

für die Béchamelsauce
1/2 l Milch, 2 EL Mehl, 2 EL Butter, Salz

Florentiner Omeletts

Omeletts gefüllt mit Käse und Schinken und im Ofen überkrustet.

Für die Omeletts das Mehl in eine Schüssel geben und eine Vertiefung formen, in die man die Eier und etwas Salz gibt. Gut mischen. Nach und nach die Milch dazugießen und mit dem Schwingbesen kräftig schlagen, damit sich keine Knollen bilden. In einer mittelgroßen Bratpfanne in heißer Butter hauchdünne Omeletts backen.
Für die Füllung Butter schmelzen, Mehl und Milch zugeben, kräftig rühren. Nun nach und nach die in kleine Würfel geschnittenen Käsesorten, den geriebenen Parmesan, Petersilie, Salz, Pfeffer und etwas Muskatnuß dazugeben und den Käse langsam schmelzen. In eine flache Form gießen und erkalten lassen.
Aus Milch, Butter und Mehl eine Béchamelsauce zubereiten und mit etwas Salz würzen. Die Omeletts halbieren. Auf jeden Teil etwas Schinken geben und darauf einen Löffel der Käsemasse verteilen. Die Omeletts einrollen und in eine ausgebutterte, feuerfeste Form legen. Mit Béchamelsauce übergießen. Die Tomate zerdrücken und darüber verteilen. Mit etwas Oregano, Petersilie und Parmesan bestreuen und im heißen Ofen etwa 10 Minuten überbacken.

RISTORANTE GEORGE'S Roma

Insalata „La Morra“

4 Personen
100 g Hühnerbrust, 30 g Sellerie,
30 g Fontinakäse, 30 g gekochter Schinken,
30 g gepökelte Zunge, 2 mittelgroße Kartoffeln, 2 EL Mayonnaise,
3 EL Sahne, Salz, Pfeffer, Weißweinessig,
50 g Trüffel

Salat „La Morra“

Ein eher rustikaler Salat als Vorspeise, der auf grünen Salatblättern angerichtet besonders einladend wirkt.

Die Hühnerbrust in kleine Würfel schneiden und in wenig Öl braten. Die rohen Kartoffeln in kleine Würfelchen schneiden und 15 Minuten in Salzwasser, dem man etwas Essig beigefügt hat, kochen. Erkalten lassen und mit allen andern, ebenfalls kleingeschnittenen Zutaten, der Mayonnaise und der leicht geschlagenen Sahne vermischen und mit Salz und Pfeffer würzen. Zuletzt den Salat mit feingeschnittenen frischen Trüffeln bestreuen.

LA MAISON DE FILIPPO Courmayeur

Fonduta Valdostana

4 Personen
400 g Fontinakäse, ca. 1/2 l Milch,
80 g Butter, 5–8 Eigelbe, Salz, Pfeffer

Käsefondue

Diese feine Käsecreme wird im Aostatal und im Piemont gerne als Vorspeise mit geröstetem Brot serviert. Sie paßt aber auch vorzüglich zu Polenta oder Pellkartoffeln, ergibt eine köstliche Omelettfüllung oder kann zu frischem Spargel gereicht werden. Im Piemont wird die Fonduta nach Möglichkeit noch mit einer weißen, geriebenen Alba-Trüffel verfeinert.

Den Käse in kleine Würfel schneiden und mindestens 2 Stunden, besser bereits am Vorabend, mit Milch bedecken. Nun die Butter schmelzen. In einem Wasserbad den Käse in der Milch zergehen lassen, unter ständigem Rühren nach und nach die Eigelbe und die Butter hinzugeben. Nicht zum Kochen bringen. Mit Salz und Pfeffer würzen. Sobald die Masse cremig ist, sofort heiß servieren. Um ganz sicher zu sein, daß das Gericht gelingt, kann man einen Eßlöffel Mehl in etwas Milch anrühren und hinzufügen.

RISTORANTE MANUELINA Recco

Ostertorte

Die berühmte ligurische Ostertorte, mit jungem Frühlingsmangold und dicken Eiern gefüllt.

Torta pasqualina

4 Personen
350 g Mehl, 800 g Mangold, 350 g Ricotta (oder Rahmquark), 5 Eier, 1 Zwiebel (gehackt), 1 EL Majoran, Öl, Butter, 150 g geriebener Parmesan, Salz, Pfeffer

Das Mehl mit etwas lauwarmem Wasser, einigen Löffeln Öl und etwas Salz mischen. Kneten, bis ein weicher, glatter Teig entsteht. In mindestens 6 Stücke teilen. Mit einem Tuch zudecken und 1 Stunde ruhen lassen.
Für die Füllung den Mangold waschen und in kochendem Wasser kurz überbrühen. Feinhacken und mit einer Handvoll Mehl, 2 Handvoll Parmesan, etwas Salz und Majoran gut vermischen. In einer zweiten Schüssel eine Creme zubereiten mit dem Ricotta, ein paar Löffeln Mehl und Öl, dazu etwas Salz und Reibkäse. Eine flache, feuerfeste Form einfetten. Die Teigkugeln mit eingeölten Händen so groß ziehen, daß der Fladen jeweils über die Form hinaushängt. Drei dünne Teigfladen übereinanderlegen und zuvor jeden Fladen mit Öl bepinseln. Darauf die Mangoldmasse verteilen und mit etwas Öl beträufeln. Darüber kommt die Ricottacreme. Fünf Vertiefungen anbringen, je ein Flöckchen Butter hineingeben und darin die Eier aufschlagen. Jedes Ei salzen und pfeffern. Noch einmal 3 dünne Teigfladen ziehen und über die Füllung legen. Wieder jeden Fladen mit Öl bepinseln. Gute Hausfrauen blasen Luft unter jeden Teigfladen, damit er noch einmal etwas aufgehen kann. Die Teigränder nach innen zusammenrollen. Mit etwas Öl bestreichen und während ca. 3/4 Stunden backen, bis die Torte eine schöne goldene Farbe angenommen hat.

RISTORANTE FINI Modena

Pasticcio di tortellini

für den Pastetenteig
350 g Mehl, 150 g Butter, 2 Eier, 150 g Zucker, 1 Prise Salz

für die Füllung
100 g Kalbfleisch, 2 Zwiebeln, 2 Karotten, 1 Sellerie, Öl, Butter, Milch, 500 g Tortellini (fertig gekauft, aber wenn möglich frische), 300 g Béchamelsauce (vgl. Grundrezept S. 152), 100 g geriebener Parmesan

Tortellini-Pastete

Pasteten, gefüllt mit Teigwaren, sind eine Spezialität der Emilia-Romagna. Sie wurden sogar schon am Hof der Este serviert.

Alle Zutaten für den Pastetenteig mischen, gut kneten, mit einem Tuch zudecken und eine halbe Stunde ruhen lassen. Den Teig dann auf ca. 2 Millimeter Dicke auswallen und mit 2/3 davon eine ausgebutterte Backform auslegen.
Das Fleisch und die Gemüse zusammen kleinhacken und in Butter und Öl anbraten. Mit etwas Milch aufkochen.
Die Tortellini knapp weichkochen (al dente) und mit dem Fleisch, der Béchamelsauce und dem Parmesan mischen. Die ausgelegte Backform damit füllen und mit dem restlichen Teig zudecken. Deckel mit etwas ausgelassener Butter bestreichen. Bei 180° C im Ofen ca. eine halbe Stunde backen.
Wein: Lambrusco di Sorbara

RISTORANTE MANUELINA Recco

Focaccia col formaggio

4 Personen
250 g italienischer Weichkäse, 200 g Hartweizenmehl (weiß), 1 dl Olivenöl extravergine, Salz

Ligurischer Käsefladen

In Ligurien sind Focaccien ein beliebter Zwischenimbiß; besonders gut schmecken sie zu einem Glas Weißwein. Je nach Größe ihres Ofens formen die Ligurer Fladen bis zu 50 cm Durchmesser oder mehr. Eine echte Focaccia wird im Holzofen über einem Feuer aus Erikareisig gebacken.

Das Mehl mit 1/2 dl Olivenöl mischen und auf dem Tisch kneten. Soviel kaltes Wasser beifügen, bis ein weicher, geschmeidiger Teig entsteht. Eine Stunde in einem warmen Raum ruhen lassen, dabei Durchzug vermeiden. Anschließend nochmals einige Minuten kneten, zu einem Laib formen und 5 Minuten gehen lassen. Ausrollen und von Hand noch dünner ausziehen. Ein Stück Teig (etwas weniger als die Hälfte) für den Deckel zurückbehalten. Das größere Stück auf ein eingeöltes rundes Kupferblech legen. Den Käse in Würfel schneiden und darüber verteilen. Mit dem Rest des Teiges auf die gleiche Art und Weise wie beim Boden einen Deckel machen, der noch dünner sein darf, fast transparent. Über den Käse legen und mit den Fingerspitzen einige etwa 1-Mark-große Löcher in den Deckel zupfen. Mit Salz bestreuen und mit den Handballen das restliche Öl darüber verteilen. Im heißen Ofen (300° C) ca. 6 Minuten backen, bis die Oberfläche schön golden ist. Den Ofen während der Backzeit nicht öffnen. In große Stücke schneiden und sofort servieren.

TRATTORIA DA BUSSE Pontremoli

Sciacciata di fiori di zucca

6–8 Personen
1 kg Weizenmehl, 600 g Zucchiniblüten, nach Bedarf: Öl, Wasser, Salz

Gebackener Fladen aus Zucchiniblüten

Ein typisches Gericht der Lunigiana, im Dialekt „Barbòtla d'fiùri d'suca" geheißen. Es eignet sich gut als Beilage zu einem Hauptgericht, schmeckt aber auch als Aperitif- oder Nachmittagsgebäck.

Das Mehl mit lauwarmem Wasser, Öl und Salz mischen, bis eine weiche Masse entsteht. Die Zucchiniblüten waschen, in etwa 1 cm große Stücke zupfen und gut unter den Teig mischen. Ein Kuchenblech (mindestens 2 cm hoch) mit Öl auspinseln und die Teigmasse etwa 1,5 cm dick darauf verteilen. Noch etwas Öl darüberspritzen und im heißen Ofen ca. eine Stunde backen. Die Backzeit hängt davon ab, wie dick der Teig ist. Mit einer Gabel läßt sich das gut überprüfen. Der Fladen soll schön angebräunt sein und beim Einstechen nicht mehr an der Gabel kleben.

TRATTORIA RICCIOTTO Perugia

Calzoni di Ricotta

4 Personen
für die Füllung
300 g Ricotta (oder Rahmquark), 100 g Rohschinken (in Würfelchen geschnitten), 100 g Provolonekäse, 50 g Petersilie (gehackt), 2 Eier, Salz, Pfeffer

für den Teig
400 g Mehl, 100 g Schweineschmalz, 2 Eier, 1 Zitrone (Saft), Salz

Fritierte Teigtaschen mit Ricotta gefüllt

Ob als Vorspeise oder kleine Zwischenverpflegung zu einem Glas Wein oder zusammen mit einem gemischten Salat als kleines Abendessen, diese Ricottatäschchen passen einfach immer.

Die Zutaten für die Füllung gut miteinander mischen und beiseitestellen. Einen geschmeidigen Teig herstellen und diesen dünn ausrollen. In beliebige Formen unterteilen oder ausschneiden (je einen Boden und einen Deckel). Auf jeden Boden ein Häufchen Füllung geben, zudecken, die Ränder mit Wasser befeuchten und gut andrücken. In heißem Öl fritieren und heiß servieren.

RISTORANTE CASALE Saint Cristophe (Valle d'Aosta)

Kastaniensuppe

Ein für das Aostatal typisches Wintergericht nach uraltem Rezept.

Die Kastanien auf der gewölbten Seite kreuzweise einschneiden und in wenig Salzwasser garkochen (40–60 Minuten), schälen und mit der Milch in eine Pfanne geben. Sobald die Milch kocht, den Reis, die Nelken und den Zimt dazugeben und gut mischen. Während 20 Minuten leicht kochen lassen, abschmecken und servieren.

Minestre di castagne

4 Personen
200 g Edelkastanien (Marroni), 1 l Milch, 100 g Reis, 2 Gewürznelken, etwas Zimt (von der Stange), Salz

RISTORANTE DEL SOLE Ranco (Varese)

Kürbissuppe

Mit diesem attraktiven, typisch lombardischen Sommergericht gelingt es Carlo Brovelli sogar, seine Gäste von der prächtigen Aussicht auf den See abzulenken, die man von seiner großzügig gestalteten Pergola aus genießt.

Vom Kürbis beim Stiel einen Deckel wegschneiden, womit man praktisch eine Suppenterrine mit Deckel erhält. Alle Kerne entfernen. Petersilie, Basilikum, Sellerie, Thymian und Knoblauch in heißer Butter dünsten und den Kürbis damit füllen. 2 Gläser Fleischbrühe dazugießen. Mit Salz und Pfeffer würzen und mit Parmesan überstreuen. Mit dem vorher weggeschnittenen Deckel den Kürbis so dicht wie möglich verschließen und im sehr heißen Ofen während 2 Stunden garen. Den Gästen den ganzen Kürbis präsentieren. Erst nachher den Deckel abnehmen, mit einem Löffel das Fruchtfleisch lösen und mit der Füllung sorgfältig vermischen, bis eine cremige Masse entsteht. Wenn die Suppe zu dick geworden ist, noch etwas Fleischbrühe zugießen und dampfend heiß servieren.

Zuppa di zucca

4 Personen
1 gelber, reifer Kürbis (ca. 1 kg), 100 g geriebener Parmesan, 1 Handvoll Petersilie, 2 Basilikumblätter, 1 Selleriestaude (in Ringe geschnitten), 2 Thymianzweige, 1 Knoblauchzehe (ungeschält), 2–3 Gläser starke Fleischbrühe, 50 g Butter, Salz, Pfeffer

LOCANDA IL BIONDO Sassetta (Livorno)

Ribollita zuppa toscana

4 Personen
400 g Kohl, 400 g Kartoffeln,
2 Karotten, 2 Zucchini, 200 g Erbsen,
200 g weiße Bohnen, 1/2 Zwiebel,
1 ganzer Knoblauch, 1 Selleriestaude,
1 Büschel Petersilie, 1 Basilikumblatt,
50 g Schweinebacke, 1 dl kaltgepreßtes Olivenöl, Salz und Pfeffer

Gemüsesuppe nach Toscanerart

Die Zutaten für diese reichhaltige Gemüsesuppe wollen die Einwohner von Sassetta selbst erfunden haben. Es handelt sich dabei um ein klassisches Minestra-Rezept.

Die weißen Bohnen mindestens 12 Stunden einlegen.
Knoblauch, Zwiebel, Sellerie, Petersilie, Basilikum und das in Würfel geschnittene Fleisch in Öl anbraten. Das Gemüse (ohne Bohnen) beifügen, kurz mitdünsten und mit 1 1/2 l Wasser ablöschen.
Mit Salz und Pfeffer würzen und 1 Stunde kochen. Nun die Bohnen dazugeben und alles zusammen 2 weitere Stunden kochen.
Abschmecken und in einer Suppenschüssel über Weißbrotscheiben anrichten.
Die Suppe wird lauwarm serviert mit eingelegten Schalotten als Beilage.

BUCA DI SAN ANTONIO Lucca

Zuppa di magro alla frantoniana

8 Personen
600 g weiße Bohnen, 3 dl Olivenöl extravergine, 150 g Speckwürfel, 2 große Zwiebeln, 3 Karotten, 1 Kohl, 5 Büschel Petersilie, 1 Sellerieknolle, 1 kleine Peperoni, 1 Zitrone (Schale), 5 Knoblauchzehen, 1 Handvoll Salbeiblätter, Ingwer und Salz nach Belieben, 3 Kartoffeln, 2 EL Tomatenpüree, Speckschwarte (nur zum Mitkochen), Toastbrot

Gemüsesuppe nach altem Rezept

Dieses üppige und originelle Suppenrezept aus der Gegend von Lucca wird besonders gern zur Zeit des Olivenöl-Pressens zubereitet. Zusammen mit einer guten Flasche Chianti eine volle Mahlzeit für eine hungrige Tafelrunde.

Die Bohnen mindestens 12 Stunden einweichen und danach mit den Knoblauchzehen und den Salbeiblättern eine Stunde kochen, alles zusammen pürieren, mit etwas Salz würzen und beiseitestellen. Alle anderen Zutaten in Würfel schneiden und in einer großen Pfanne 15–20 Minuten in 1 dl Öl dämpfen, dann die vorbereiteten Bohnen dazugeben, 2 l Wasser beifügen und alles zusammen 30 Minuten fertigkochen. Wenn nötig nachwürzen. Ca. 20 Scheiben Brot im restlichen Öl leicht rösten. In eine Schüssel lagenweise Brotscheiben und Suppe einfüllen. 10 Minuten ziehen lassen und dann servieren.

RISTORANTE CASALE Saint Cristophe (Valle d'Aosta)

Minestra con ortiche

4 Personen
1 Zwiebel, 2 mittelgroße Kartoffeln,
1 Handvoll Brennesselblätter, 50 g Butter,
1 l Fleischbrühe, Pfeffer, 1 l Wasser,
1/2 dl Rahm

Brennesselsuppe

Ein leichtes Frühlingssüppchen, das besonders gut schmeckt, wenn die Brennesseln noch jung geerntet werden können. Brennesseln lassen sich übrigens auch tiefgefrieren.

Die Butter in einer Pfanne schmelzen. Die feingehackte Zwiebel, die Kartoffeln in kleine Würfel geschnitten und die in feine Streifchen geschnittenen Brennesseln darin leicht andämpfen, mit heißer Bouillon und Wasser ablöschen. Mit Salz und Pfeffer würzen und während 30 Minuten kochen. Den Rahm dazugießen und servieren.

GIUSEPPE
SCIRE'
SICILIA

ANTICA TRATTORIA AI „TRE VISI“ Vicenza

Acquacotta alla moda antica

4 Personen

350 g Steinpilze, 1 Knoblauchzehe, 1 EL Olivenöl, 1 Glas trockener Weißwein, 1 l Fleischbrühe, 1 EL Tomatenpüree, 200 g geriebener Käse, 1 EL Petersilie, 4 geröstete Brotscheiben, 1 Ei

Suppengericht mit Steinpilzen

Eigentlich „gekochtes Wasser“, ein irreführender Name für diese reichhaltige Suppe, die nach diesem Rezept bereits in der Antike auf den Tisch gebracht worden sein soll.

Die Brotscheiben in heißer Butter hellbraun rösten und beiseitelegen. Die Pilze in mittelgroße Stücke schneiden und in kochendem, leicht gesalzenem Wasser überbrühen (das Wasser aufbewahren). Die Pilze mit dem Knoblauch in Öl und etwas Butter anbraten, den Wein dazugießen, die Petersilie und das Tomatenpüree beifügen. Aufkochen und das Pilzwasser beifügen. Während ca. 45 Minuten leise köcheln lassen, bis das Wasser zum größten Teil verdunstet ist. Warmstellen. In einer vorgewärmten Suppenschüssel das Ei verklopfen und mit 100 g Reibkäse mischen. Nun unter ständigem Rühren mit dem Schwingbesen langsam die heiße Bouillon dazugießen. Das separat zubereitete Pilzgemisch beifügen, eventuell mit Salz und Pfeffer abschmecken.

Die sämige Suppe in rustikale Teller anrichten, mit den vorbereiteten gerösteten Brotscheibchen und dem restlichen geriebenen Käse bestreuen.

Im Tre Visi trinkt man dazu einen Cabernet della Collina Fratta di Breganza.

RISTORANTE LOCANDA DELL’AMOROSA Sinalunga (Siena)

Zuppa ribollita o minestra di pane

6 Personen

2 Zwiebeln, 1 Knoblauchzehe, 100 g Karotten, 3–4 Büschel Petersilie, 5 Basilikumblätter, 1 Selleriestaude, 1 Kartoffel, 100 g Mangold, 100 g Spinat, 100 g Rotkohl, 100 g Wirsingkohl, 100 g geschälte Tomaten, 250 g getrocknete weiße Bohnen, 50 g Speckschwarte, 1/8 l Olivenöl extravergine, schwarze Pfefferkörner, Salz und Pfeffer, geröstete Brotscheiben nach Belieben

Aufgekochte Suppe oder Brotsuppe

Auch eine Brotsuppe braucht nicht langweilig zu sein, wenn sie mit Phantasie und Liebe zubereitet wird. Carlo Citterio, Chef der rustikalen und gemütlichen Locanda, pflegt die ländliche Küche der Toscana mit Begeisterung. In der Fattoria Amorosa werden zudem Öl, Honig und Konfitüre hergestellt und verkauft.

Die Bohnen mindestens 12 Stunden in reichlich Wasser einlegen. Anschließend mit einer Zwiebel, einer Knoblauchzehe, einer Karotte und den Pfefferkörnern weichkochen. Das Wasser soll dabei alle Zutaten bedecken.

Nun die zweite Zwiebel feinhacken und Gemüse und Kräuter in mittelgroße Stücke schneiden. Alles zusammen in Öl gut durchdünsten. Die Tomaten mit dem Saft, 2/3 der weichgekochten Bohnen ganz und den Rest püriert beifügen. Aufkochen lassen und dann die vorher ausgekochte Speckschwarte dazugeben. Mit ein paar Schöpfkellen Fleischbrühe verdünnen, mit Salz und Pfeffer nach Belieben würzen und während ca. 1 Stunde leise kochen.

Vor dem Anrichten ein paar geröstete Brotscheiben auf den Boden der Suppenteller legen, mit etwas Öl beträufeln und mit der Suppe übergießen. Kurz vor dem Servieren mit frisch gemahlenem schwarzem Pfeffer bestreuen.

Forellencremesuppe

Eine delikate Suppe aus Südtirol, wo die Bäche noch reich an Forellen sind.

Eine Forelle tranchieren, das Fleisch in kleine Würfel schneiden. Von den übrigen Forellen die Köpfe entfernen und sie etwas aufschneiden. Die ganzen Forellen zusammen mit dem kleingeschnittenen Gemüse und den Kräutern in Butter leicht anbraten, mit Weißwein ablöschen. Wasser oder noch besser Fischfond dazugießen. Während 1/2 Stunde kochen lassen, am Schluß sollte 1/2 Liter Suppe bleiben. Durchseihen, Eigelb und Sahne mischen, unter ständigem Klopfen die Fischsuppe dazugießen. Das Ganze auf den Herd geben und unter ständigem Rühren erhitzen, so daß eine dünnflüssige Creme entsteht (der Siedepunkt darf aber nicht erreicht werden!). Nochmals durchsieben, Schnittlauch und die Forellenwürfel dazugeben und servieren.

Zuppa di trote

4 Personen
4 geräucherte Forellen, 100 g Butter, 1 Zwiebel, 1 Lauch, 1 Selleriestange, Thymian, 1 Lorbeerblatt, 1 dl Weißwein, 1/4 l Sahne, 6 Eigelb, Schnittlauch

LA MAISON DE FILIPPO Courmayeur

Suppe nach Art des Aostatals

Die traditionelle Küche des Aostatals kennt die Pasta als Vorspeise nicht. Der erste Gang besteht meistens aus einer kräftigen Suppe. Die berühmteste ist die „soupe à la valpellennentse", wie der überlieferte Name für diese uralte Aosta-Spezialität eigentlich lautet.

Den Kohl in Streifen schneiden und in Salzwasser knapp weichkochen. Die Zwiebel in dünne Ringe schneiden und in Butter auf kleinem Feuer 1 Stunde dämpfen (aufpassen, daß sie nicht anbraten). Kleine Brotscheiben rösten und feuerfeste Suppenschüsselchen mit hohem Rand (am besten aus Ton) damit auslegen. Darüber dünne Käsescheiben, Kohl und Zwiebeln verteilen. Mit gemahlener Muskatnuß würzen und mit Fleischbrühe übergießen. Während etwa 15 Minuten in sehr heißem Ofen überbacken.

Zuppa alla valdostana

4 Personen
6 Scheiben Vollkornbrot, 200 g Fontina-Käse, 1/2 Wirsingkohl, 1 Zwiebel, 1 EL Butter, 1 l Fleischbrühe, Muskatnuß

TRATTORIA AÖ MÖRTÀ Santa Giustina (Savona)

Sbira

4 Personen
500 g Kichererbsen, 500 g gekochte Kutteln, 6 Karotten, 1 Zwiebel, 2 Selleriestauden, Erdnußöl, Butter, 1 Handvoll Pinienkerne, geschälte Tomaten (nach Belieben) 1 l Fleischbrühe, geröstete Brotscheiben, Salz, geriebener Parmesan

Kuttelsuppe mit Kichererbsen

Ein preiswertes Gericht, das durch Beigabe von Fleischbrühe zu einer nahrhaften Suppe wird, die im ligurischen Dialekt „Sbira" heißt.

Die Erbsen müssen in Salzwasser mindestens 2 Tage eingeweicht und dann gut weichgekocht werden. Karotten, Sellerie und Zwiebel im Mixer hacken und zusammen mit den Pinienkernen in Öl und Butter goldbraun anbraten. Die passierten Tomaten und die Kutteln beifügen und salzen. Soviel Wasser beifügen, daß die Zutaten bedeckt sind und während 2 Stunden köcheln. Zum Schluß die Erbsen beifügen und noch aufwärmen. Mit grobgeriebenem Parmesan kann das Gericht so als Kuttel-Gemüse-Eintopf serviert werden.
Wenn es als Suppe gereicht werden soll, gibt man die gerösteten Brotscheiben in Schüsselchen und verteilt darüber die Kutteln und das Gemüse. Dazu wird separat eine kräftige Fleischbrühe zubereitet, von der jeder so viel über das Gericht in seinem Schüsselchen gießt wie er gerne mag. Den Parmesan gibt man ebenfalls separat dazu, damit sich jeder nach Belieben bedienen kann.

ANTICA TRATTORIA LA MORA Ponte a Moriano

Garmugia lucchese

6 Personen
4 Frühlingszwiebeln, 4 Artischocken, 4 EL Spargelspitzen (frische), 4 EL frische Saubohnen, 100 g gehacktes Kalbfleisch, 50 g Speckwürfel, Olivenöl, 1,2 l Fleischbrühe, Brot, Salz

Frühlingssuppe

Dieses traditionelle lucchesische Rezept gelingt im Frühling am besten, wenn das junge Gemüse am meisten Geschmack hat. Tradition hat aber auch die rustikale Trattoria La Mora, die 1987 ihr 120jähriges Bestehen feiern kann.

Die feingehackten Zwiebeln in Olivenöl goldgelb dünsten. Das Kalbfleisch und die Speckwürfel dazugeben und während 10 Minuten dämpfen, dann das Gemüse (die Artischocken zerpflückt) beifügen. Wenn das Gemüse halb gar ist, mit der Fleischbrühe übergießen und noch einmal während 15 Minuten leicht kochen lassen. In Suppentellern über gerösteten oder in Butter gebackenen Brotwürfeln anrichten.

RISTORANTE LOCANDA DELL'ANGELO Ameglia

Nudeln mit Spargel

Nudeln mit jungen Spargelspitzen, Tomaten und Parmesan, ein unkompliziertes Frühlingsgericht

Die Spargelspitzen in zentimeterlange Stücke schneiden und in einer Pfanne in wenig Wasser während 2 Minuten kochen. Gut abtropfen lassen.
In einer zweiten Pfanne 4 Eßlöffel Öl zusammen mit der Knoblauchzehe erwärmen, den ganzblättrigen Basilikum, die Petersilie, eine Prise grobkörniges Salz, die ausgedrückten, kleingeschnittenen Tomaten und zum Schluß die gekochten Spargelspitzen hinzufügen.
Nun die Nudeln in reichlich Salzwasser knapp al dente* kochen und in die Pfanne mit der Sauce geben. Auf kleinem Feuer unter sorgfältigem Wenden gut durchziehen lassen. Zum Schluß das restliche Olivenöl und den geriebenen Parmesan hinzufügen, Knoblauchzehe und Petersilie entfernen und das Gericht heiß servieren.

Tagliolini con asparagi

4 Personen
300 g Nudeln, 5 frische, geschälte und entkernte Tomaten, 150 g Spargelspitzen, 1 Knoblauchzehe, einige Blätter Basilikum, 1 Büschel Petersilie mit Stengeln, 50 g geriebener Parmesankäse, 6 EL Olivenöl extravergine, grobkörniges Salz

*„al dente" kochen: Während des Kochvorgangs die Teigwaren mit einer Gabel gelegentlich lockern und regelmäßig prüfen, ob sie nicht zu weich, also noch bißfest sind.

TRATTORIA AÖ MÖRTÀ Santa Giustina (Savona)

Mandilli

4 Personen
250 g Mehl, 250 g Grieß, 4 Eier, Salz

Hausgemachte „Nudelflecken“

Der traditionelle Name für diese ligurische Spezialität lautet eigentlich „Mandilli di seta“, hausgemachte Nudelquadrate, die so groß sein sollen wie das Seidentaschentuch einer Dame.

Alle Zutaten gut vermischen und 10 Minuten tüchtig kneten. Den Teig mit wenig Mehl ausrollen und viereckige Stücke ausschneiden. In Salzwasser al dente kochen, abtropfen und mit einer Sauce nach Belieben anrichten.
In der Trattoria aö Mörta serviert man dazu einen Pesto Genovese (Rezept vgl. S. 136).

RISTORANTE CURSULA Cascia

Paparelle di Cascia

4 Personen
400 g Bandnudeln (wenn möglich hausgemacht, vgl. Grundrezept S. 151), 40 g schwarze Trüffel (im Mörser zerstoßen), 20 g Steinpilze (getrocknet), 60 g gekochter Schinken, 4 EL Rahm, 4 EL Milch, 80 g Butter, 60 g Parmesan

Bandnudeln nach Art von Cascia

Nudeln mit einer unkomplizierten Sauce aus Steinpilzen, Schinken und Rahm, verfeinert mit schwarzen Trüffeln und Parmesan.

Die Steinpilze in lauwarmem Wasser einweichen. In einer emaillierten Pfanne Butter schmelzen und den Schinken etwa 3 Minuten darin anbraten, die Pilze dazugeben und 5 Minuten weiterdämpfen. Den Rahm dazugießen und abschrecken. Sobald der Rahm zu köcheln beginnt, die in reichlich Salzwasser al dente gekochten Nudeln in die Sauce geben. Die Milch hinzufügen und alles sorgfältig mischen. Vom Feuer nehmen und die Trüffel und den frisch geriebenen Parmesan dazugeben. Sofort in heißen Tellern servieren, da das Gericht schnell austrocknet.

OSTERIA E BIRRERIA I 13 GOBBI Firenze

Rigatoni all'Empolese

4 Personen
500 g Rigatoni, 6 Artischockenböden (frische), 50 g gekochter Bauchspeck (in Würfeln), 1 dl Olivenöl, 1 mittelgroße Zwiebel (feingehackt), 1 Knoblauchzehe (fakultativ), 1 Büschel Petersilie (feingehackt), 1 Büschel Pfefferminze (feingehackt), 100 g gut gelagerter Schafkäse (gerieben), Salz, Pfeffer, 1 Glas trockener Weißwein, 1 Glas Fleischbrühe

Rigatoni nach Empoleser Art

Geriebener Schafkäse und frische Pfefferminze verleihen diesen Röhrennudeln ihr eigenwilliges Aroma.

Zwiebel, Knoblauch und Speck in wenig Olivenöl in einer hohen Pfanne anbraten, bis die Zwiebel goldgelb ist. Den Knoblauch entfernen. Die Artischockenböden in feine Streifchen schneiden und dazugeben. Etwa 10 Minuten unter Zugabe von Weißwein und etwas Fleischbrühe dämpfen. In der Zwischenzeit die Rigatoni in reichlich Salzwasser al dente kochen, abtropfen und zur Sauce geben. Jetzt Petersilie, Minze und Käse beifügen. Auf starkem Feuer sorgfältig vermischen. Sofort heiß servieren.

RISTORANTE FINI Modena

Maltagliati con fagioli

4 Personen
100 g getrocknete weiße Bohnen,
400 g „maltagliati“ oder andere Teigwaren,
1 dl Olivenöl extravergine, 50 g Butter,
100 g Schinkenspeck,
200 g Sellerie, Karotten und Zwiebeln (alles kleingeschnitten), 1 Büschel Petersilie, 2 Knoblauchzehen, 1 Handvoll kleingeschnittene Speckschwarte,
200 g frische Tomaten, 50 g geriebener Parmesan, Salz, Pfeffer

Teigwaren mit weißen Bohnen

Maltagliati sind eigentlich „schlechtgeschnittene“ Teigabfälle, kleine unregelmäßige Teigplätzchen, die bei der Nudelherstellung entstehen. Selbstverständlich eignen sich selbstgemachte Nudeln oder andere Teigwaren genausogut.

Die weißen Bohnen mindestens 12 Stunden einweichen.
Sellerie, Karotten, Zwiebeln, Petersilie und den gehackten Knoblauch in einem Gemisch aus Öl, Butter und gehacktem Schinkenspeck anbraten. Einen Schöpflöffel heißes Wasser dazugießen. Die Bohnen, die gewaschene, kleingeschnittene Speckschwarte und die Tomaten dazugeben. Mit Salz und Pfeffer würzen. Während ca. 3 Stunden leise köcheln lassen. Wenn die Bohnen weich sind, soviel Wasser beifügen, wie für eine gewöhnliche Minestrone nötig ist (ca. 1/2 Liter). Sobald die Brühe kocht, die Teigwaren dazugeben und während 8 Minuten weichkochen. Vor dem Servieren etwas reines Olivenöl darübergießen und mit Parmesan überstreuen.
Im Fini wird dazu ein Lambrusco di Sorbara getrunken.

RISTORANTE NANNINA Imperia

Sciancui al pesto

4 Personen
300 g Mehl, 2 Kartoffeln

Pesto-Sauce vgl. Rezept S. 136.

Ligurische Teigwaren mit Pesto-Sauce

Eine einfache und originelle ligurische Spezialität: Selbstgemachte Teigwaren mit gekochten Kartoffelwürfeln an einer hocharomatischen Pesto-Sauce.

Das Mehl sieben und mit soviel Wasser mischen, daß ein Teig entsteht, den man nachher ausrollen kann (3 mm dick). In etwa 3 cm breite Streifen schneiden und diese Streifen in unregelmäßige Stücke zerzupfen. Die Kartoffeln in kleine Würfeln schneiden und im Wasser kochen. Ins gleiche Wasser (es soll kochen) gibt man später auch die Teigfetzen. Nach ein paar Minuten alles Wasser abgießen, Teigwaren und Kartoffeln gut abtropfen. Die Pesto-Sauce und 50 g Butter in einer Bratpfanne heiß werden lassen (nicht kochen!), die Kartoffeln und die Teigwaren darin sorgfältig wenden und servieren.

RISTORANTE ROMEO Bosco (Salerno)

Tagliatelle con cicoria o spinaci in salsa al pomodoro

Grüne Nudeln an Tomatensauce

Das Kochen liegt der Familie Jannuzzi im Blut. Vor über 60 Jahren war die nonna des heutigen Inhabers des „Romeo“ als Köchin bei Marchesen (die einstigen Markgrafen Italiens) und Baronen tätig. Die traditionellen Rezepte haben sich über Generationen erhalten und werden weitergepflegt.

Das Mehl auf ein Brett geben und eine Mulde formen. Das gekochte Gemüse passieren und in die Mulde geben. Die Eier, Pfeffer, Salz und Käse dazugeben und gut kneten. Wenn nötig, etwas lauwarmes Wasser beifügen. Den Teig 3–4 mm dick auswellen, einrollen und dünne Streifchen schneiden. Man kann dazu natürlich auch die Teigwarenmaschine benutzen.
Die Nudeln in schwachgesalzenem Wasser 7 Minuten kochen, abtropfen und mit der vorbereiteten Tomatensauce übergießen. Schön warm servieren und nach Belieben mit geriebenem Schafkäse bestreuen.

4 Personen
1/2 kg Weizenmehl, 200 g gekochte Zichorie oder Spinat, 3 Eier, je 1 Prise Pfeffer und Salz, 1 Handvoll Schafkäse (gerieben)

für die Tomatensauce siehe Grundrezept S. 151.

RISTORANTE GEORGE'S Roma

Rigatoni nach Art von George's

Rigatoni umhüllt von einer cremeartigen Sauce aus Rohschinken, Ei, Sahne und Käse.

Die Eigelbe zusammen mit der Sahne leicht schlagen und mit etwas Muskatnuß, Salz und Pfeffer würzen. Beiseite stellen.
Während die Rigatoni in reichlich Salzwasser al dente gekocht werden, die Hälfte der Butter in einer weiten Bratpfanne auf leichter Flamme schmelzen und darin den Rohschinken warm werden lassen, ohne ihn jedoch anzubraten. Die abgetropften Rigatoni zum Rohschinken in die Bratpfanne geben und solange darin wenden, bis alles gut vermischt ist. Nun die andere Hälfte der Butter in Flöckchen beigeben, das Ei-Sahne-Gemisch dazugießen und eine Handvoll frischgeriebenen Parmesan darüber streuen. Die Pfanne noch einen Augenblick auf dem Feuer lassen, bis die Sauce eingedickt ist und die Rigatoni von einer cremeartigen Schicht umhüllt werden.

Rigatoni George's

4 Personen
400 g Rigatoni (gerillte Teigröhren), 120 g Rohschinken, in feine Streifen geschnitten, 70 g Butter, 1 dl Sahne, 3 Eigelbe, 1 Prise Muskatnuß, 50 g Parmesan, Salz, Pfeffer

TRATTORIA BUSSÈ Pontremoli

Lasagne aus Kastanienmehl

Der sardische Schafkäse ist besonders pikant und gibt, zusammen mit dem Olivenöl, diesem schlichten Lasagnerezept die besondere Note.

Die beiden Mehlsorten trocken zusammen vermischen. Salz und lauwarmes Wasser beifügen und kneten, bis ein weicher, kompakter Teig entsteht. Den Teig nicht zu dünn auswellen, Quadrate (6x6 cm) ausschneiden, die man in Weißmehl wendet, damit sie nicht zusammenkleben. In Salzwasser auf kleinem Feuer etwa 15 Minuten kochen. Die einzelnen Stücke sollten eins nach dem anderen ins Wasser gegeben und auch sehr sorgfältig mit der Schaumkelle herausgenommen und abgetropft werden. Auf einer großen Platte anrichten, damit nicht zuviele Stücke übereinanderliegen. Mit Olivenöl beträufeln und mit dem Käse überstreuen, der den Kontrast zu den etwas süßlichen Teigwaren bildet. Es empfiehlt sich, recht stark zu würzen.

Lasagne di farina di castagno

4 Personen
300 g Weizenmehl, 200 g Kastanienmehl, Olivenöl, 150 g pikanter Schafkäse (sardischer, wenn möglich), Salz

RISTORANTE VILLA ALTA Celle Ligure

Spaghetti all'aragosta

4 Personen
2 Langusten à ca. 700/800 g, 2 Knoblauchzehen (gehackt), 1 Zwiebel (gehackt), 3 reife Tomaten, 320 g dünne Spaghetti, 6 EL Öl, 1 Büschel Petersilie (gehackt), 1 dl Weißwein

Spaghetti mit Langusten

Primo Ferraio, der Besitzer, hat mit der Villa Alta eines der exklusivsten Speiselokale der Riviera geschaffen. Genau so exklusiv sind seine Spaghetti all'aragosta, die zu den Spezialitäten seiner Küche gehören.

Zwiebel und Knoblauch im Öl goldgelb braten. Die Tomaten in Würfel schneiden und beifügen. Mit Wein ablöschen. Die Langusten in kochendes Wasser geben und ca. 20 Minuten garkochen. Das Fleisch der Scheren und je der Hälfte der Schwänze in Würfel schneiden und in die Sauce geben. Petersilie beifügen und mit Salz und Pfeffer würzen.
Die Spaghetti al dente kochen, mit der Sauce mischen und auf einer Platte anrichten. Mit den beiden zurückbehaltenen Hälften der Langustenschwänze garnieren.

RISTORANTE ALFIO Milano

Spaghetti alla pescatora

4 Personen
400 g Spaghetti, 200 g Venusmuscheln, 200 g Miesmuscheln, 200 g Meerdatteln, 100 g Garnelen (Crevetten), 100 g Tintenfische, 1 Knoblauchzehe, 2 geschälte Tomaten, 4 EL Olivenöl extravergine, Salz, Pfeffer

Spaghetti nach Fischerinnenart

Fischgerichte werden im Alfio groß geschrieben. Eine reichhaltige Sauce aus Muscheln, Tintenfischen und Crevetten verwandelt alltägliche Spaghetti in ein ausgesprochenes Festessen und zaubert einen Hauch von Ferienerinnerungen herbei.

Meerfrüchte und Tintenfische sorgfältig waschen. In einer weiten Bratpfanne Öl heiß werden lassen, darin die Knoblauchzehe kurz dünsten, die Tintenfische und die Crevetten beigeben und während 5 Minuten anbraten, salzen und pfeffern. Die feingeschnittenen Tomaten hinzufügen und weitere 5 Minuten auf kräftigem Feuer weitergaren. Nun die Muscheln hinzufügen und kochen lassen, bis sie sich geöffnet haben, die geschlossenen wegwerfen.
In einer großen Pfanne die Spaghetti in reichlich Salzwasser al dente kochen, gut abtropfen und in die Pfanne mit der Sauce geben. Auf kleinem Feuer noch 3 Minuten in der Sauce sorgfältig wenden, mit gehackter Petersilie bestreuen, heiß servieren.

RISTORANTE CURSULA Cascia

Spaghetti alla maniera di Cascia

4 Personen
500 g Spaghetti, 180 g schwarze Trüffel, 4 geschälte Tomaten, etwas Tomatensaft

Spaghetti nach Art von Cascia

Ein luxuriöses Spaghettigericht für Trüffelliebhaber.

Den Knoblauch im Öl goldgelb rösten, dann die Sardellen dazugeben und kurz mitdämpfen. Die Tomaten und den Saft beifügen. Mit Basilikum, Salz und Pfeffer würzen.

Etwa 10 Minuten köcheln, dann vom Feuer nehmen und die vorher im Mörser zerstoßenen Trüffel dazugeben. Die Sauce warmhalten, aber nicht mehr kochen lassen. Die Spaghetti in reichlich Salzwasser al dente kochen, abtropfen und mit der Sauce vermischen, ohne sie nochmals aufs Feuer zu stellen.

(aus der Büchse der geschälten Tomaten zum Beispiel), 3 Basilikumblätter (feingehackt), 2 Sardellen (gehackt), 1 Knoblauchzehe (gehackt), 1 Glas Olivenöl extravergine, Salz und Pfeffer

OSTERIA ROMANA „CHECCO ER CARETTIERE" Roma

Fuhrmanns Spaghetti

Ein einfaches Spaghettirezept, wenn unangemeldeter Besuch vor der Tür steht. Die Zutaten entnimmt man dem Vorrat.

Die Pilze in lauwarmem Wasser 10 Minuten einweichen, das Wasser anschließend sieben und beiseite stellen.
In einer mittelgroßen Pfanne den Knoblauch und die Pfefferschote in heißem Öl rösten und dann den zerkleinerten Thunfisch zugeben. Etwa 3 Minuten auf mittlerem Feuer dämpfen. Die Pilze hinzufügen, mit etwas Pilzsud begießen und 5 Minuten köcheln lassen. Jetzt die Tomaten beigeben, nach Belieben salzen, und während 30 Minuten köcheln. Immer wieder rühren. Die Spaghetti al dente kochen, gut abtropfen und mit der Sauce übergießen.

Spaghetti alla carettiera

4 Personen
500 g Spaghetti (aus Hartweizenmehl), 1 dl Olivenöl extravergine, 2 Knoblauchzehen (gehackt), 1/2 Pfefferschote (gehackt), 150 g Thunfisch, 20 g getrocknete Steinpilze, 500 g geschälte Tomaten (Pelati), Salz

RISTORANTE ITALO Formia

Spaghetti in der Tüte

Spaghetti mit einer Sauce von frischen Meerfrüchten, auf eine ungewohnte Art serviert.

Den Knoblauch in heißem Öl dünsten, den kleingeschnittenen Schinken, die Krebse und die vorher in lauwarmem Wasser eingelegten Pilze dazugeben und kurz mitdünsten. Die Tomaten und die kleingeschnittene Petersilie beigeben und 10 Minuten kochen lassen. Nun die Muscheln hinzufügen und fünf Minuten mitgaren. Mit Salz und Pfeffer abschmecken.
Die Spaghetti in reichlich Salzwasser halbweich kochen, gut abtropfen und mit der Sauce vermengen. 5 Minuten darin ziehen lassen, dann den Parmesan beifügen.
Aus Alufolie eine große Tüte formen, die Spaghetti einfüllen und im Ofen nochmals 2 Minuten heißwerden lassen. Sofort servieren.

Spaghetti in cartoccio

4 Personen
500 g Spaghetti, 100 g Schinken San Daniele, 300 g geschälte Krebse, 200 g geöffnete Herzmuscheln, 200 g Miesmuscheln, 40 g getrocknete Pilze, 1 kg geschälte Tomaten (Pelati), 2 dl Olivenöl extravergine, 3 Knoblauchzehen (gehackt), 3 Bündel Petersilie, 1 Ei, Salz und Pfeffer nach Belieben, 1 großes Stück Alufolie

RISTORANTE LA MAIANA Avigliana (Torino)

Agnolotti della casa

4–6 Personen
500 g Weißmehl, 5 Eier, 400 g gehacktes Rindfleisch, 250 g gehacktes Schweinefleisch, 50 g Schlackwurst (gehackt), 500 g Spinat (gekocht und gehackt), 50 g Petersilie, 2 Eier, 50 g Butter, 1 Zwiebel (gehackt), 1 Zweig Rosmarin, Salz, Pfeffer, 4 EL geriebener Parmesan

Teigtäschchen nach Art des Hauses

Früher hießen Teigtäschchen allgemein Agnelotti, da sie damals ausschließlich mit Lammfleisch (agnello) gefüllt wurden.

Aus Mehl und 5 Eiern den Teig zubereiten (in der Mitte des Mehls eine Mulde formen, die Eier und eine Prise Salz hineingeben und ca. 10 Minuten kneten). Wenn der Teig etwas zu feucht ist, d.h. an den Händen klebt, läßt sich das mit etwas Mehl korrigieren. Wenn er zu trocken ist, ein wenig Wasser zugeben. Den Teig dünn auswellen.
Für die Füllung die Zwiebel mit Rosmarin rösten. Das Fleisch dazugeben und gut andämpfen. Mit 2 dl Wasser ablöschen und auf kleinem Feuer etwa 1 Stunde köcheln lassen. Am Schluß Petersilie, Spinat und Schlackwurst noch 10 Minuten mitköcheln. Vom Feuer nehmen und etwas auskühlen lassen. Die Eier und den Käse daruntermischen und mit Salz und Pfeffer nach Belieben würzen. Erkalten lassen. Auf eine Hälfte des Teigs in Abständen von etwa 2 cm kleine Häufchen der Füllung geben, den Teigrand mit Wasser befeuchten. Die andere Hälfte des Teigs darüberlegen und mit dem gezackten Teigrädchen viereckige Plätzchen ausschneiden. Die Ränder gut festdrücken. In Salzwasser werden die Ravioli ca. 20 Minuten gekocht. Nach dem Abtropfen mit zerlassener Butter übergießen, mit frischgeriebenem Parmesan bestreuen und sofort heiß servieren.

HOTEL VILLA CIPRIANI Asolo (Treviso)

Tortelloni vegetariani al radicchio di Treviso

4 Personen
für den Teig
500 g Mehl, 4 Eier, ein paar Tropfen Olivenöl extravergine

für die Füllung
150 g frischer Ricotta (oder Rahmquark), 1 Handvoll gekochter Spinat, 1/2 Zwiebel, 1 Ei, 150 g Butter, 50 g Parmesan, Muskatnuß, Salz, Pfeffer

Vegetarische Tortelloni mit Zichorie aus Treviso

Die Zichorie – der Stolz Trevisos – ist eine etwas bitter schmeckende Pflanze mit oft rötlichen Blättern. Bei uns ist sie vorwiegend als Salat bekannt. Gedämpft und mit den Tortellonis vermengt, ergeben sie hier einen fröhlichen Farbakzent.

Den Ricotta mit Spinat und Parmesan mischen, mit Muskatnuß und Salz abschmecken und passieren.
Einen geschmeidigen Teig zubereiten und auf wenig Mehl fein ausrollen. In kleine Quadrate schneiden und auf die eine Hälfte kleine Häuflein der Füllung geben. Mit einer zweiten Teighälfte zudecken, die Ränder mit Wasser befeuchten und gut andrücken. In reichlich Salzwasser ca. 10 Minuten kochen.
Unterdessen die kleingeschnittene Zwiebel zusammen mit den Zichorienblättern in Butter weich dämpfen und mit Salz abschmecken.
Die Zichorie und die knapp weichgekochten Tortelloni in eine Bratpfanne geben und mit 3 Eßlöffeln flüssigem Rahm und 80 g Butter vermischen. 2 Minuten gut durchziehen lassen und dann den frischgeriebenen Parmesan beigeben. Wenn dieser geschmolzen ist, das Gericht schön heiß servieren.

RISTORANTE SOLFERINO Lucca

Teigtäschchen nach Großmutterart

Die klassischen Teigtäschchen mit einer interessanten Fleischfüllung.

Alle Zutaten für die Füllung durch den Fleischwolf drehen oder von Hand sehr fein hacken und zusammen mit den Eiern und den Gewürzen zu einer feinen Paste verarbeiten.
Die Zutaten für den Teig mischen und tüchtig kneten. Den Teig sehr dünn ausrollen. In Abständen von 3 cm je einen Kaffeelöffel Füllung verteilen. Mit dem Teigrädlchen (Wellenlinie) Quadrate ausschneiden. Die eine Hälfte der Plätzchen über die Füllung legen und auf den drei offenen Seiten gut zusammendrücken. In viel Salzwasser 5 Minuten kochen. Mit dem Sieb herausheben und gut abtropfen. Die Tortellis nun mit Butter übergießen.

Tortelli della nonna

4 Personen
für die Füllung
300 g gekochtes und gehacktes Rindfleisch, 50 g Mortadella (Wurst), 50 g Rohschinken, 50 g in Milch eingeweichte Brotkrume, 50 g geriebener Parmesan, 2 Eier, Muskatnuß, Petersilie, Thymian, Salz, Pfeffer

für den Teig
300 g Mehl, 3 Eier, 3/4 Glas Wasser, Salz

RISTORANTE EMILIANO Stresa

Gefüllte Teigtäschchen „Romano Felisi"

Trüffel werden heute meist mit Hilfe eines zu diesem Zweck abgerichteten Hundes aufgestöbert.
Im Piemont – das Mekka für Liebhaber weißer Trüffel ist Alba – werden zahlreiche Gerichte vor dem Servieren mit einem Hauch dieses edlen Pilzes aromatisiert. Auch diesen Tortellonis verleihen sie das Tüpfelchen auf dem i.

Das Mehl mit 2 ganzen Eiern und 2 Eßlöffeln lauwarmem Wasser zu einem Teig verarbeiten und diesen sehr dünn ausrollen. Die Kräuter in wenig Wasser weichkochen, erkalten lassen, kleinhacken und mit dem Ricotta, 50 g Parmesan, 1 Eigelb, Salz und geriebener Muskatnuß gut vermischen und die Masse in einen Spritzsack füllen. Nun auf die eine Hälfte des Teigs nußgroße Häuflein der Füllung setzen, diese mit der zweiten Hälfte des Teigs bedecken und die Ränder gut andrücken. Mit dem Teigrad ca. 8x6 cm große, rechteckige Tortellini ausschneiden und diese in reichlich Salzwasser während 5 Minuten kochen lassen.
In einer Bratpfanne den Rahm heiß werden lassen, die Tortellini beifügen und das Ganze köcheln lassen, bis die Sahne dickflüssig geworden ist. Zum Schluß den restlichen Käse hinzufügen, die feinblättrig geschnittenen Trüffel darüberstreuen und das Gericht auf gut vorgewärmten Tellern servieren.
Als Wein wird im Emiliano ein Albana secco di Romania empfohlen.
Die angegebenen Mengen ergeben eine nicht zu groß bemessene Vorspeise und müssen verdoppelt werden, wenn die Tortellini als Hauptgericht serviert werden.

Tortelloni „Romano Felisi"

4 Personen
3 Eier, 200 g Mehl, 150 g Ricotta (oder Rahmquark), 300 g frische Kräuter, 80 g Parmesan, 1/4 l Sahne, 30 g weiße Trüffel, 1 Prise Muskatnuß, Salz

RISTORANTE MANUELINA Recco

Pansotti con la salsa di noci

4 Personen

für die Füllung

600 g rohes Gemüse (Brennesselspitzen, Brunnenkresse, Borretsch), 100 g Ricotta (oder Rahmquark), 20 g Reibkäse, 1 Ei, Muskatnuß, 10 g Butter (geschmolzen)

für den Teig

200 g Mehl, 80 g Wasser, 1 Ei, 1 Eigelb, 1 Prise Salz

für die Sauce

1 Zweiglein Majoran (20 Blätter), 1/2 Knoblauchzehe, 40–50 g Baumnüsse, 30 g Reibkäse, 70 g Öl, 30 g Butter (geschmolzen), 1 EL lauwarmes Wasser, 2 EL Rahm oder in Milch aufgeweichte Brotkrume

Riesentortellini mit Nuß-Sauce

Eine lukullische Überraschung für jeden Pastafreund. Der nicht zu unterschätzende Aufwand lohnt sich unbedingt, besonders im Frühling, wenn die Kräuter noch jung und zart geerntet werden können.

Zuerst den Teig vorbereiten, damit er noch etwas ruhen kann.
Für die Füllung das Gemüse 10 Minuten gar kochen, ausdrücken, feinhacken und mit dem Ricotta, dem Reibkäse, dem Ei, etwas Muskatnuß und geschmolzener Butter gut mischen. Mit wenig Salz abschmecken.
Den Teig sehr fein ausrollen und in quadratische Stücke schneiden, jede Seite sollte 8–10 cm lang sein. In die Mitte jedes Quadrates ein Löffelchen Füllung geben. Dann zu einem Triangel zusammenlegen, die Ränder andrücken und die seitlichen Spitzen über dem dickeren gefüllten Teil zusammenpressen.
In einem Mörser mit dem Stößel den Majoran zusammen mit dem durchgepreßten Knoblauch, dem Käse und den Nüssen, die nach und nach hinzugefügt werden, zerstoßen. Dann Öl, Butter, Wasser und Rahm oder die aufgeweichte Brotkrume hinzufügen. Gut mischen, bis die Sauce kompakt ist. Abschmecken.
Die Teigwaren etwa 10 Minuten in siedendem Salzwasser kochen, mit der Nuß-Sauce überziehen und sofort servieren.

RISTORANTE GUARESCHI Roncole Verdi

Cannelloni alla Rigoletto

4 Personen

200 g Ricotta (oder Rahmquark), 100 g Parmesan, 500 g Spinat (gekocht und feingehackt), 250 g Hartweizengrieß, 3 Eier, 3/4 l Milch, 100 g Butter, 75 g Weißmehl

Gefüllte Teigrollen Rigoletto

Kein Koch dürfte seine Cannelloni mit mehr Berechtigung nach der berühmten Oper Verdis benennen als Guareschi. Sein stimmungsvolles Feinschmeckerlokal liegt dem Geburtshaus des großen italienischen Komponisten unmittelbar gegenüber.

Mit dem Hartweizengrieß, 2 Eiern und sehr wenig Wasser einen weichen Teig kneten. Am besten geht das mit dem Mixer. Aus Milch, Butter und Weißmehl eine Béchamelsauce zubereiten (Rezept s.S. 152).
Für die Füllung Ricotta, Parmesan, Spinat und ein Ei vermischen. Mit einer Prise Salz würzen.
Den Teig auswellen, Quadrate (10 x 10 cm) ausschneiden und diese in Salzwasser halb garkochen, herausnehmen und erkalten lassen. Die Füllung darauf verteilen und einrollen. Eine erste Lage in eine ausgebutterte feuerfeste Form geben und etwa 1 cm dick mit Béchamelsauce bedecken. Darüber eine zweite Lage Teigrollen schichten, die wiederum mit Sauce bedeckt wird. Die oberste Schicht mit Parmesan bestreuen.

Im sehr heißen Ofen etwa 20 Minuten backen. Nach 15 Minuten die Backform auf die oberste Backofenrille stellen und nur noch Oberhitze einstellen, damit sich eine goldene Kruste bildet. Aus dem Ofen nehmen und wegen der großen Hitze ein paar Minuten auskühlen lassen. Die Rollen auf die Teller anrichten, Parmesan und etwas Butter darüber verteilen.
Es lohnt sich, die doppelte Menge Teig herzustellen und die Hälfte davon für ein anderes Gericht verwenden, z.B. für Nudeln; dafür eignet er sich besonders gut.

RISTORANTE LO SCUDIERO   Pesaro

Ravioli mit Seezungenfilets

Die Zubereitung von frischen Raviolis erfordert Zeit und Fingerspitzengefühl. Mit dieser originellen Sauce aus frischen Seezungenfilets kann der Erfolg nicht ausbleiben.

150 g Seezungenfilets in Salzwasser kurz weichkochen.
Mit 4 Eiern, Mehl, Salz und etwas Wasser einen gewöhnlichen Pastateig herstellen, diesen etwa 10 Minuten kneten und dünn ausrollen.
Für die Füllung den weichgekochten Fisch feinhacken, mit dem Ricotta, der gehackten Petersilie, dem geriebenen Parmesan, etwas Muskatnuß, dem Saft einer Zitrone und einem Ei gut zu einer Paste verarbeiten, mit Salz und Pfeffer abschmecken. Den ausgerollten Teig in kleine Quadrate schneiden und auf die eine Hälfte derselben etwas Füllung geben. Diese mit den übriggebliebenen Teigquadraten zudecken. Die Teigränder mit Wasser befeuchten und mit einer Gabel oder mit dem Teigrädchen gut zusammenpressen, damit die Füllung beim Kochen nicht auslaufen kann.
Für die Zubereitung der Sauce geben wir etwas Öl, den gehackten Speck und die feingehackte Zwiebel in eine Bratpfanne, fügen 250 g rohe Seezungenfilets und die kleingeschnittene Petersilie bei und lassen alles leicht anbraten. Mit Weißwein ablöschen und diesen verdampfen lassen. Die geschälten und passierten Tomaten hinzugeben, ebenfalls das Tomatenpüree und das Ganze während ca. 20 Minuten leise kochen lassen.
Unterdessen die Ravioli in viel Salzwasser ca. 8 Minuten sieden. Ab und zu sorgfältig umrühren, damit sie nicht kleben. Auf einer heißen Platte anrichten und mit der Sauce überziehen.

Ravioli ai filetti di sogliola

4 Personen
5 Eier, 500 g Mehl, 300 g Ricotta (oder Rahmquark), 400 g Seezungenfilets, 50 g gehackter Bauchspeck, 100 g geriebener Parmesan, 1 Büschel Petersilie, Muskatnuß nach Belieben, 1 Zitrone, 250 g geschälte Tomaten (oder Pelati aus der Büchse), 1 EL Tomatenpüree, 1 Zwiebel, 1 Glas Weißwein, Salz, Pfeffer

ROSTERIA LUCIANO Bologna

Armonia dell'Appenino

4 Personen
400 g Spinat (gekocht, gehackt), 6 Eier, 400 g Mehl, 150 g Schweinefleisch, 150 g Pouletbrüstchen, 100 g Kalbfleisch, 50 g Rohschinken, 50 g Mortadella, 150 g Parmesan, 1 Prise Muskatnuß (frisch gerieben), 30 g getrocknete Steinpilze, 2 dl Rahm, Salz, Pfeffer

Ravioli als „Harmonie des Appenins"

Bologna, am Fuß des Appenins gelegen, ist nicht nur eine der ältesten Städte Italiens, sondern auch Hochburg der Feinschmecker und unbestrittenes Zentrum der italienischen Teigwaren- und Wursterzeugung (Spezialität ist die Mortadella). Die „harmonische" Füllung dieser köstlichen Ravioli gibt einen überzeugenden Querschnitt durch die delikaten Produkte der Emilia-Romagna mit ihrer Hauptstadt „la Grassa", die Fette, wie Bologna im Volksmund auch genannt wird.

Alle Fleischsorten, Schinken und Mortadella hacken (am besten durch den Fleischwolf drehen) und dann mit 2 Eiern, Parmesan, Muskatnuß, Salz und Pfeffer gut mischen. Aus dem Mehl, 4 Eiern und dem Spinat einen geschmeidigen Teig zubereiten, der 2 mm dick ausgerollt wird. Den Teig halbieren. Auf die eine Hälfte in Abständen von 2 cm je einen Kaffeelöffel Füllung geben und mit der zweiten Teighälfte zudecken. Mit dem Teigrädchen um jedes Häufchen Füllung quadratische Plätzchen ausschneiden.
Die Ränder gut zusammendrücken.
Die vorher eingeweichten, in feine Scheibchen geschnittenen Steinpilze in wenig Salzwasser 10 Minuten köcheln, das Wasser verdampfen lassen, den Rahm und den Parmesan hinzufügen und etwas eindicken lassen, bis die Sauce sämig und glatt ist.
Die Ravioli in viel Salzwasser al dente kochen (ca. 10 Minuten), gut abtropfen und sorgfältig in der Sauce wenden.

RISTORANTE ROMEO Bosco (Salerno)

Panzerotti con patate e trito di carne

4 Personen
für den Teig
1/2 kg Weißmehl, 4 Eier, wenig Wasser (nur wenn nötig), Salz
für die Füllung
2 Kartoffeln (gekocht und zerdrückt), 200 g gehacktes Kalbfleisch, Pfeffer, Salz, Petersilie
zum Überbacken
50 g Schafkäse, 50 g Mozzarella, Salz, Pfeffer
Sauce
Salsa Ragù (Rezept s. S. 136)

Riesenravioli mit Füllung aus Kalbfleisch und Kartoffeln

Ein rustikales und schlichtes Gericht, das in einer Tonform auf den Tisch kommen sollte.

Aus Mehl und 4 Eiern den Teig zubereiten, der auf 4–5 mm Dicke ausgerollt wird. Die Zutaten der Füllung gut vermischen. Auf einer Hälfte des Teigs in recht großen Abständen Ping-Pong-Ball-große Häufchen der Füllung geben. Die andere Hälfte des Teigs darüberlegen und mit einem Glas die Ravioli ausstechen. Die Ränder mit Wasser befeuchten und gut festdrücken. In Salzwasser werden die Ravioli etwa 15 Minuten gekocht. Mit dem Sieb herausschöpfen und abtropfen lassen. Den Boden einer eingebutterten feuerfesten Form mit Sauce bedecken. Darüber die Ravioli verteilen und mit einigen Scheiben Mozzarella, etwas Pfeffer und geriebenem Schafkäse belegen. Darüber gießen wir den Rest der Sauce. Im vorgeheizten, sehr heißen Ofen ca. 5–7 Minuten überbacken.

RISTORANTE DA SILVIO Faedo San Michele all'Adige

Klößchen Marc Chagall

Wie diese Gnocchetti zu ihrem berühmten Namen gekommen sind, soll ein Geheimnis des Kochs bleiben. Der malerische Effekt der dunkelroten Klößchen, umgeben von der goldgelben Kürbiscreme, ist jedoch unbestritten.

Die geschälte Rote Bete in Würfel schneiden und in Fleischbrühe ca. 20–30 Minuten garkochen. Auskühlen lassen, kleinschneiden und passieren. Mit dem Quark, den Eigelben, 100 g geriebenem Käse, Mehl, Salz und Pfeffer gut vermischen. Mit Hilfe eines Löffels kleine Klößchen formen und solange in kochendes Wasser geben, bis sie aufsteigen.
Das Kürbisfleisch passieren und mit etwas Fleischbrühe zu einer cremigen Masse verrühren. Die Klößchen auf die Teller anrichten, mit etwas Käse bestreuen und mit ausgelassener Butter übergießen. Rundherum die Kürbiscreme verteilen.

Gnocchetti Marc Chagall

4 Personen
300 g Rote Bete, 600 g Ricotta (oder Rahmquark), 100 g Weißmehl, 6 Eigelbe, 150 g geriebener Schafkäse, 100 g gelber Kürbis (gekocht), 50 g Butter, Salz, schwarzer Pfeffer (frisch gemahlen)

RISTORANTE DA SILVIO Faedo San Michele all'Adige

Spinatklößchen

Ob der Name „strangolapreti“ eine Anspielung auf übertriebene Eßgewohnheiten gewisser Pfarrherren sein soll, sei dahingestellt. Hier sind sie die besondere Spezialität des Hauses, einem ausgesprochenen Familienbetrieb: in der Küche Piergiorgio und seine Söhne Franco (zuständig für Fleisch- und Hauptgerichte), Marcello (Teigwaren und Vorspeisen) und der jüngste der Familie, Nicola. Die weiblichen Familienmitglieder kümmern sich um die Bedienung (Claudia, Carla und Luisa) und um die Wäscherei (Sofia, die „mamma“).

Das Brot in der Milch etwa 2 Stunden einweichen. Dann zusammen mit dem Spinat sehr fein hacken und mit dem Mehl und den Eiern gut vermischen, bis eine geschmeidige grünliche Masse entsteht. Mit Salz, Pfeffer und Muskatnuß abschmecken. Mit Hilfe eines Kaffeelöffels ovale Klößchen formen, die in kochendes Salzwasser gegeben werden. Sobald sie an die Oberfläche steigen, herausschöpfen und abtropfen lassen. Auf einer Platte anrichten, Parmesan und ausgelassene Butter darübergeben.

Strangolapreti (gnocchi verdi)

4 Personen
6 Scheiben altbackenes Brot, 3 dl Milch, 400 g Spinat (gekocht und etwas ausgedrückt), 70 g Weißmehl, 4 Eier, 1 Prise Salz, 1 Prise Pfeffer (frischgemahlen), Muskatnuß (frischgemahlen) nach Belieben, 50 g Parmesan

RISTORANTE CHIESA Trento

Apfelrisotto

Risotto con le mele

Eine ungewöhnliche Kombination, zugleich eine preisgünstige, originelle Vorspeise.

Äpfel schälen, in kleine Würfel schneiden und zusammen mit dem Zitronensaft in siedendem Salzwasser kochen. Abgießen und gut abtropfen lassen. Dann die Äpfel in einer Pfanne mit heißer Butter wenden. In einer zweiten Pfanne den Reis in Öl und Butter leicht andämpfen. Mit Weißwein ablöschen und weitergaren lassen, bis der Wein ganz aufgesaugt ist. Unter stetem Rühren mit einem Holzlöffel nach und nach die Fleischbrühe dazugießen. Nach halber Garzeit (nach ca. 10 Minuten) die Äpfel und den Rahm beifügen. Kurz vor dem Servieren Käse, Pfeffer, Butter und etwas Worcestersauce daruntermischen.

4 Personen
320 g Arborio-Reis (langkörnig), 200 g Äpfel (Golden Delicious), 100 g Butter, 100 g geriebener Parmesan, Worcestersauce nach Belieben, 2 dl trockener Weißwein, 8 dl Fleischbrühe, Salz, Pfeffer, 2 EL Öl, 1 EL Rahm, 1/2 Zitrone (Saft)

RISTORANTE AL BEN VEGNÙ Cessalto (Treviso)

Erdbeer-Reis

Riso alle fragole

Das Ben Vegnù ist in einem Haus aus dem späten 18. Jahrhundert untergebracht, wo zur Postkutschenzeit die Pferde gewechselt wurden. Neben den italienischen werden auch exotische Spezialitäten gepflegt. Dieses originelle Reisrezept verdient einen Versuch.

Die Erdbeeren im Wein mindestens 2 Stunden ziehen lassen. In einem Dampfkochtopf Zwiebel und Sellerie im Öl andämpfen. Erdbeeren und Wein hinzufügen und den Reis gut daruntermischen. Unter stetem Rühren die Fleischbrühe dazugießen. Wenn der Reis al dente ist, den Rahm und den Käse daruntermischen und sofort dampfend heiß servieren.

4 Personen
150 g überreife Erdbeeren, 400 g grobkörniger Reis, 6 Tassen Fleischbrühe, 1 dl schwerer, wenn möglich alter Rotwein (z.B. Barolo), 1 TL gehackter Sellerie, 1 Zwiebel (gehackt), 50 g frischgeriebener Parmesan, 1 dl Rahm

RISTORANTE ALFIO Milano

Risotto con frutti di mare

4 Personen
400 g Reis, 1/2 Zwiebel (gehackt), 250 g Garnelen (Crevetten), 250 g Scampi, 250 g Tintenfische, 500 g Mies- und Venusmuscheln, 1 Büschel Petersilie, 1/2 Pfefferschote (gehackt), 2 Knoblauchzehen (gehackt), 2 geschälte Tomaten, 1 dl Olivenöl, Butter, 8 dl Fisch- oder Fleischsud, 1 Gläschen Cognac, Salz

Risotto mit Meerfrüchten

Ein abgerundetes Rezept, an das sich auch Köchinnen mit wenig Fischerfahrung wagen dürfen.

Die Meerfrüchte gut putzen und waschen. Die Muscheln in eine große Pfanne mit wenig Wasser geben und zugedeckt kochen, bis sie sich geöffnet haben, die geschlossenen wegwerfen. Den Sud durch ein feuchtes Tuch sieben und warmstellen.
Unterdessen in einer Pfanne Knoblauch und Pfefferschote in Öl andämpfen und zuerst die Tintenfische während 5 Minuten anbraten. Danach die Scampi und die Garnelen beifügen und ebenfalls kurz mitdämpfen. Mit Cognac ablöschen und diesen verdampfen lassen. Die Tomaten in kleine Würfel schneiden und hinzufügen. Das Muschelfleisch aus den Schalen lösen und zusammen mit der Petersilie dazugeben. Noch 10 Minuten köcheln lassen.
In einer separaten Pfanne den Reis zubereiten. Die Zwiebel in etwas Öl und Butter andämpfen. Den Reis dazugeben und einige Minuten rösten (ständig rühren). Mit dem Fisch- oder Fleischsud (der Muschelsud kann mitverwendet werden) übergießen, salzen und während ca. 10 Minuten kochen. Dann das vorbereitete Meerfrüchte-Ragout dazugeben und fertigkochen. Gut umrühren, damit die Meerfrüchte schön verteilt sind.

ANTICA TRATTORIA DELLA PESA Milano

Risotto alla milanese

4 Personen
100 g Butter, 1 kleine Zwiebel (sehr fein gehackt), 400 g Reis (erste Qualität), 1/2 Glas trockener, guter Weißwein, ca. 1 1/2 l Fleischbrühe, 3 g Safran, 50 g geriebener Parmesan

Mailänder Risotto

Ob als Vorspeise oder als farbenfrohe Beilage z.B. zu Kalbshaxen, besonders lecker wird der Mailänder Risotto, wenn man statt des gewöhnlichen Safranpulvers die kostbaren Safranfäden verwendet.

Die Zwiebel in 50 g Butter anrösten, bis sie schön gelb ist und gut duftet. Dann mit einem Sieb herausheben. Den Reis zur Butter geben und unter ständigem Rühren mit einer Holzkelle so lange glasieren, bis er aussieht wie lackiert. Mit dem Wein ablöschen. In einem Löffel heißer Fleischbrühe den Safran einweichen (wenn Pulver, darin auflösen), zum Reis geben und dann sofort unter ständigem Rühren mit der Holzkelle nach und nach schöpflöffelweise Fleischbrühe dazugießen, bis der Reis al dente ist. Vom Feuer nehmen, die restliche Butter und nach Belieben den Käse gut unter den Reis mischen. Vor dem Servieren einen Moment zugedeckt stehen lassen.
Anm. d. Hrsg.: Zum echten Mailänder Risotto gehört oft noch ein Stück Rindermark. Dieses wird kleingeschnitten und gleich zu Beginn zusammen mit der Butter in die Pfanne gegeben.

RISTORANTE FILIPPINO Lipari

Schwarzer Risotto mit Tintenfischen

Die ungewöhnliche schwarze Farbe der Tinte soll nicht davon abhalten, diese klassische italienische Vorspeise auszuprobieren.

Die Tintenfische gut putzen. Wenn sie noch einen Knochen haben, diesen sorgfältig entfernen, ebenfalls Augen und Maul wegschneiden. Die Tintenblasen entfernen, aufpassen, daß man sie dabei nicht verletzt. Die Tintenfische in kleine Stücke schneiden. Knoblauch, Zwiebel (beide gehackt), Pfefferschote, Lorbeer und die Tomate in Scheiben im Öl kurz andämpfen. Die Tintenfische dazugeben, mitdämpfen und ebenfalls die jetzt zerschnittenen Tintenblasen hinzufügen. Salzen, mit dem Wein ablöschen und auf mittlerem Feuer etwa 1 Stunde kochen lassen.
Dann den rohen Reis unter diese Sauce mischen. Sobald er am Pfannenboden zu kleben beginnt, den Fischsud dazugießen und köcheln, bis der Reis al dente ist. Vom Feuer nehmen und noch einen Moment stehen lassen. Auf einer vorgewärmten Platte servieren.
Eine kleine, raffinierte Variante: Anstatt mit Wein mit einem Gläschen Grappa ablöschen und den Wein erst nachher dazugießen.

Risotto nero con seppie

4–6 Personen
400 g grobkörniger Reis, 400 g Tintenfische, 1 Knoblauchzehe, 1 Zwiebel, 3 Lorbeerblätter, 1/2 rote Pfefferschote (gehackt), 1 reife Tomate, 1 Glas trockener Weißwein, 3/4 l Fischsud oder Fischfond (vgl. Grundrezept S. 152, verdünnt mit Wasser), 1/2 Glas Olivenöl, Salz

RISTORANTE SAN DOMENICO Imola

Mantecato-Reis

Der Erfolg dieses schlichten, aber überaus delikaten Reisgerichts (die Spezialität eines der berühmtesten Restaurants Italiens, das der rote Michelin-Führer sogar mit zweien seiner begehrten Sterne ausgezeichnet hat) beruht ausschließlich auf der Geduld des Kochs. Daher lohnt sich der Arbeitsaufwand für dieses exzellente Reisgericht vor allem für eine größere Tafelrunde.

In einer tiefen Pfanne die feingeschnittene Zwiebel in Öl und in 50 g Butter während mindestens 1 Stunde auf kleinem Feuer goldfarben werden lassen, anschließend durch ein Sieb streichen und sofort wieder in die Pfanne geben. Den Weißwein und die Fleischbrühe zugeben und zum Kochen bringen.
Den Reis in die kochende Brühe geben und während 15 Minuten auf mittlerer Hitze kochen lassen. Nun die Hitze kleiner stellen, und wenn der Reis al dente ist, mit der übriggebliebenen Butter und dem frischgeriebenen Parmesankäse würzen, auf vorgewärmte Teller anrichten und zum Schluß mit dem „fondo bruno", den man im Wasserbad warmgestellt hat, garnieren. Sofort servieren.

Riso mantecato

4 Personen
400 g Reis, z.B. Canaroli, 1 1/4 dl frische, entfettete Fleischbrühe, 1/2 feingeschnittene Zwiebel, 150 g Butter, 20 g Olivenöl extravergine, 1 dl trockener Weißwein, 100 g frischgeriebener Parmesankäse, 1 dl „fondo bruno" (vgl. Grundrezept S. 152).

RISTORANTE DANTE Bologna

Risotto „Mille e una notte“

4 Personen
300 g Arborio-Reis, 100 g frische Steinpilze (in feine Scheiben geschnitten), 1/2 Zwiebel (feingehackt), 60 g Sellerie und Karotten (gekocht und in Würfel geschnitten), 40 g Rohschinken (in Streifen geschnitten), 100 g gekochter Spinat, 50 g gekochte Erbsen, 40 g Butter, 1 Glas Weißwein, 1 dl Rahm, 50 g geriebener Parmesan, Salz, Pfeffer, 8 dl Fleisch- oder Gemüsebrühe

Risotto „Tausendundeine Nacht“

Ein interessantes Risottorezept, das nicht nur Vegetarier begeistert.

Reis und Zwiebel in der Butter rösten. Ständig rühren, bis die Butter aufgesogen ist. Den Wein dazugießen und verdampfen lassen. Nach und nach die Brühe hinzufügen und bei stetem Rühren halb garkochen. Dann die Pilze, die Gemüse, den Schinken, den Rahm beifügen. Mit etwas Salz und Pfeffer würzen. Den Rest der Brühe dazugießen und fertigkochen. Den Käse beifügen und gut mischen.

RISTORANTE EMILIA Portovenere (Ancona)

Risotto alla marinara

4 Personen
300 g Reis (z.B. Arborio), 1 Tintenfisch, 4 Scampi, 1/2 kg Muscheln ohne Schale, 1/2 Glas Olivenöl extravergine, 1 Zwiebel, Petersilie, 300 g geschälte Tomaten (pelati), Salz, Pfeffer

Risotto nach Matrosenart

Eine einfachere Variante des Risottos mit Meerfrüchten (S. 84).

In einer Pfanne die kleingeschnittene Zwiebel zusammen mit dem Tintenfisch in etwas Olivenöl erhitzen (Vorsicht vor dem Anbrennen!) und dann die Tomaten hinzugeben. Während 5 Minuten köcheln lassen, wenn nötig etwas Wasser zugießen. Kurz vor Ende der Kochzeit die Scampi und das Muschelfleisch hinzufügen. Den Tintenfisch und die Scampi nun in kleine Stückchen schneiden. Mit Salz und Pfeffer würzen.
In einer separaten Pfanne mit hohem Rand den Reis mit wenig Wasser weichkochen und während der Garzeit ständig von der vorbereiteten Sauce und etwas Wasser beigeben, so daß der Reis nicht zu trocken wird. Sobald der Reis al dente ist und die Sauce vollständig hinzugefügt wurde, abschmecken und sofort servieren.
Dazu gehört ein guter trockener Weißwein, z.B. ein Verdicchio.

Risotto mit Bier

Eine ungewöhnliche Komposition mit überraschendem Resultat.

Speckwürfel und Zwiebel mit 20 g Butter anbraten. Den Kohl beifügen und ein paar Minuten dämpfen. Den Reis daruntermischen und die Bouillon dazugießen. Unter ständigem Rühren weiterkochen. Nach 15 Minuten den Schinken, die Petersilie und das Bier hinzugeben. Fertigkochen (ca. 5 Minuten) und mit der restlichen Butter und dem Parmesan verfeinern.
Emanuele Mattarelli, der Chef in der Küche des „Giannino", empfiehlt dazu einen Soave Classico.

Risotto alla birra

4 Personen
400 g Reis, 20 g Speckwürfel, 65 g Butter, 1 kleine, gehackte Zwiebel, 100 g gehackter Wirsingkohl, 1 1/2 l Bouillon, 50 g geräucherter, gekochter Schinken (in Würfel geschnitten), 1/2 EL gehackte Petersilie, 1 dl Bier, 80 g geriebener Parmesan

ANTICA TRATTORIA LA MORA Ponte a Moriano

Maisgericht mit roten Bohnen

L'Infarinata

Ein herzhaftes und dazu preisgünstiges Wintergericht aus der Gegend von Lucca.

4–6 Personen
400 g Maisgrieß, 200 g rote, getrocknete Bohnen (oder 500 g frische), 1 Selleriestaude, 2 Karotten, 1 Zwiebel, 2 Kartoffeln, 1 mittelgroßer Rotkohl, etwas Speckschwarte, Olivenöl extravergine, Salz

Getrocknete Bohnen müssen zuerst 12 Stunden eingeweicht werden. Dann in 2/3 Liter Wasser geben, salzen, die Speckschwarten dazugeben und 1 1/2–2 Stunden garkochen. 3/4 der Bohnen passieren, 1/4 ganz belassen (den Sud aufbewahren, jedoch die Speckschwarte entfernen). Sellerie, Karotten, Zwiebel hacken, in Öl gut anbraten und zum Bohnensud geben. Die Kartoffeln in Würfel, den Rotkohl in Streifen schneiden und ebenfalls hinzufügen. Salzen und etwa 1/4 Stunde köcheln lassen. Den Maisgrieß einstreuen und während 40 Minuten unter ständigem Rühren kochen. Einen hohen Kochtopf mit dickem Boden verwenden (ideal ist eine Kupferpfanne), damit der Mais nicht anbrennen und nicht zu sehr spritzen kann. Am Schluß die passierten und die ganzen Bohnen daruntermischen. Die Polenta sollte eher weich und nicht zu trocken sein. Sie kann sofort warm serviert werden. Reste kann man, wenn sie erkaltet sind, in Scheiben schneiden und braten.
Die Trattoria La Mora serviert dazu einen leichten Rotwein aus der Gegend von Lucca.

Polenta

4 Personen
300 g Maisgrieß, 1 1/2 l Wasser, Salz

Polenta (Maisbrei)

Das klassische Rezept für die Zubereitung einer echten Polenta, die ideale Beilage zu vielerlei Fleisch- und Gemüsegerichten.

Das Wasser mit Salz in einer hohen Pfanne mit dickem Boden, noch besser in einem Kupfertopf, zum Siedepunkt bringen. Sobald der Mais etwas gebunden ist, mit einem Holzlöffel weiterrühren (ca. 40 Minuten). Der Mais ist gar, wenn er sich leicht von dem Pfannenrand löst.
Im Handel ist auch eine praktische 2-Minuten-Polenta erhältlich, die ein ganz ansprechendes Resultat ergibt.

RISTORANTE ITALO Formia

Seebarsch oder Goldbrasse im Ofen geschmort, mit Champignons und schwarzen Oliven

Ein schlichtes Rezept für Olivenfreunde, das auch weniger geübten Köchen auf Anhieb gelingen sollte.

Den Fisch gut putzen und schuppen. Mit Salz einreiben, in eine eingeölte Bratkasserolle geben, mit Öl begießen und bei mäßiger Hitze 20 Minuten garen. Nun den Wein dazugießen und verdampfen lassen. Die Champignons, die Oliven und den Knoblauch beifügen und das Gericht während weiteren 5 Minuten gar werden lassen. Heiß servieren.

Spigola o orata al forno con funghi champignon e olive nere

4 Personen
ca. 1,2 kg Seebarsch oder Goldbrasse, 300 g Champignons, 400 g schwarze Oliven, 1/2 Glas Olivenöl extravergine, 2 Knoblauchzehen, 1/2 Glas trockener Weißwein von guter Qualität

RISTORANTE NANNINA Imperia

Marmorbrasse im Salz

Zu diesem einfachen, typisch ligurischen Fischrezept kann auch Goldbrasse, Meerbarbe oder Seebarsch verwendet werden. Es darf nur Meersalz verwendet werden, da das herkömmliche Kochsalz keine Kruste bilden kann.

Den Fisch putzen, aber nicht schuppen, denn die Schuppen verstärken den typischen Fischgeschmack und sind nach dem Kochen viel einfacher zu entfernen.
Etwa 1 kg Salz auf den Boden einer großen flachen Form streuen, den Fisch darauflegen, mit dem restlichen Salz ganz zudecken und etwas befeuchten. Im Ofen bei 220° C während ca. 20 Minuten backen. Vor den Gästen die Salzkruste entfernen, den Fisch zerlegen und servieren.
Dazu paßt ausgezeichnet gekochter Fenchel mit etwas Butter und Käse überbacken.

Mormora al sale

4 Personen
1 Marmorbrasse (ca. 1 kg schwer), 2 kg grobkörniges Meersalz

RISTORANTE GIANNINO Milano

Orata al piatto

4 Personen
1,2 kg Goldbrasse, einige Meerfrüchte, 1/4 l Wasser, 4 EL Olivenöl, 1 EL gehackte Knoblauchzehe, 1 kleine, reife Tomate, 1 Prise Oregano, 4 EL flüssiger Rahm, 30 g Butter, 1 TL Mehl, Salz, Pfeffer

Goldbrasse mit Meerfrüchten

Das Rezept für diesen typischen Mittelmeerfisch – er gehört zur Familie der Brachsen – stammt von einem bevorzugten Mailänder Restaurant Massimo Alberinis, der dem Giannino unverfälschte Küche nach bester italienischer Tradition attestiert.

Die Goldbrasse mit Salz, etwas Pfeffer und Oregano würzen. Mit dem Wasser, dem Öl und dem Knoblauch in eine Pfanne geben und aufs Feuer setzen. Die Meerfrüchte beigeben und einige Tomatenscheiben auf den Fisch legen. Zudecken und auf kleinem Feuer 20 Minuten köcheln lassen. Von Zeit zu Zeit mit dem Sud übergießen. Zuletzt die Sauce mit Butter und Rahm binden.
Als Wein paßt ausgezeichnet ein Soave classico oder ein Lugana.

RISTORANTE EMILIA Portovenere (Ancona)

Brodetto

4 Personen
1,5 kg Fische und Krustentiere (z.B. Tintenfisch, Scampi, Venusmuscheln mit der Schale, Seezunge, Sankt Petersfisch, Miesmuscheln, Glatthai, Meersau, Meerbarbe), 1/2 Glas Olivenöl extravergine, 1 Zwiebel, 2 Knoblauchzehen, Petersilie, 500 g geschälte Tomaten, Salz, Pfeffer

Fischsuppe nach Elias Rezept

Die Marken – vom Massentourismus noch weitgehend verschont – haben sich im Hinterland noch viel unverfälschte Italianità bewahrt. Unter den zahlreichen Fischsuppenrezepten der Küstendörfer läßt sich eine klare Grenze ziehen: Zwischen Pesaro und dem Conerò, zu dessen Füßen Lambertos Prachthotel steht, beherrschen die Tomaten den „brodetto" und verleihen ihm die typische dunkelrote Farbe, während südlich des Conerò der Safran der Fischsuppe zu ihrem gelben Fischsud verhilft.

Die ausgenommenen und von den Köpfen befreiten Fische in Stücke schneiden. Die Muscheln unter fließendem Wasser gut waschen, mit wenig Wasser in eine große Pfanne geben und unter Dampf öffnen; diejenigen, die geschlossen bleiben, wegwerfen. Die Tintenfische waschen, ausnehmen, von den Tintensäcken, den Augen und vom Maul befreien. Die größeren in Ringe schneiden.
Zwiebel, Knoblauch und Petersilie kleinschneiden und in Olivenöl andünsten, die geschälten Tomaten beigeben und das Ganze während 10 Minuten köcheln lassen. Wenn nötig, etwas Wasser hinzugießen und mit Salz und Pfeffer abschmecken.
Nun die Tintenfische in die Sauce geben, 15 Minuten köcheln lassen, dann die Fischstücke hinzufügen, 15 Minuten weitergaren und schließlich die Muscheln, mit denen der „brodetto" noch gute 5 Minuten weiterköcheln soll, dazugeben. Abschmecken und mit gerösteten Brotscheiben servieren.

RISTORANTE VILLA ALTA Celle Ligure

Barsch im Tütchen nach Art des Hauses

Eine einfache, originelle Zubereitungsart, die sich auch für andere Fischarten eignet. In Italien wird dazu eine Art Pergamentpapier verwendet, einfacher geht es mit Alufolie.

Den Fisch sorgfältig ausnehmen, putzen und waschen. Den Bauch mit Salz und Pfeffer einreiben, mit 2 nußgroßen Butterstücken und mit Thymian füllen. Den Fisch auf ein genügend großes Stück Alufolie legen, damit er darin eingepackt werden kann. In einem Pfännchen ein Stück Butter schmelzen und darin das kleingeschnittene Gemüse zusammen mit dem gehackten Basilikum dünsten, salzen und pfeffern. Diese Mischung nun zusammen mit Butterstückchen über den Fisch verteilen und das Ganze in die Alufolie einpacken. Das Alupaket in den vorgeheizten Backofen schieben und während 40–45 Minuten garen lassen.
In der Villa Alta werden die Filets in der Mitte der Teller angerichtet, nachdem man die Gräte sorgfältig entfernt hat, mit dem Gemüse ringsum garniert und mit flüssiger Butter beträufelt. Originell ist es aber auch, wenn man das ganze Päckchen auf einer Platte auf den Tisch bringt und dort den Fisch vor den Gästen tranchiert.
Dazu wird in der Villa Alta ein Pinot del Collio Ris. Gradnick serviert.

Il nostro branzino al cartoccio

6 Personen

1 frischer Barsch (ca. 1,8 kg), 150 g Butter, 2 Karotten, 1/2 Sellerieknolle, 4 frische Tomaten, 2 Zwiebeln, 1 Büschel frischer Basilikum, 1 Büschel frischer Thymian, Salz, Pfeffer

RISTORANTE FILIPPINO Lipari

Grillierte Schwertfisch-Rouladen

Warum eine Barbecue-Party nicht einmal „auf italienisch" mit einem farbenfrohen Antipasti-Büffet zur Einstimmung und als Hauptgang Fischspießchen, zubereitet wie auf Lipari? Man kann auch frischen Thunfisch verwenden.

Alle Fischfilets bis auf eines flachschlagen. Dabei aufpassen, daß sie ganz bleiben. Das ungeschlagene Filet in wenig Wasser weichkochen und feinhacken. Das in Milch aufgeweichte Brot, den Käse, das gehackte Fischfilet, Kapern, Oliven, die gehackte Petersilie, die Tomatensauce, etwas Olivenöl, Salz und die feingehackte Pfefferschote in eine Schüssel geben und gut vermischen, bis eine streichfähige Paste entsteht.
Die Fischfilets damit bestreichen und aufrollen. Auf Spießchen stecken, dabei zwischen jedes Fischröllchen ein Lorbeerblatt und eine Zwiebelscheibe stecken. Die Spieße über der Glut braten. Am besten gelingt es, wenn die Rouladen gleich auf einen drehbaren Spieß gesteckt werden. Von Zeit zu Zeit mit etwas Salmoriglio-Sauce übergießen.
Die Salmoriglio-Sauce wird folgendermaßen zubereitet: Das Öl im Wasserbad erwärmen und unter ständigem Schlagen mit dem Schwingbesen nach und nach heißes Wasser und den Zitronensaft beifügen. Mit Salz, Pfeffer, Knoblauch, Oregano und Petersilie würzen. 5 Minuten kochen und anrichten.

Involtini di pesce spada

4 Personen

für die Rouladen

800 g Schwertfischfilets, 1 Scheibe Brot, 50 g Reibkäse, 1 EL Kapern, 8–10 Oliven, 1 Büschel Petersilie, 6 EL Tomatensauce (vgl. Grundrezept S. 151), Olivenöl, Salz, 1 Pfefferschote, Lorbeerblätter, Zwiebeln

für die Salmoriglio-Sauce

1 dl Öl, 1/2 dl Wasser, 1 Zitrone (Saft), 2 Knoblauchzehen (gehackt), 1 EL Oregano, 1 Büschel Petersilie (gehackt), Salz, Pfeffer

RISTORANTE EMILIA Portovenere (Ancona)

Stoccafisso all'Anconetana

4 Personen

500 g getrockneter Stockfisch, 1 Zwiebel, 1 Stange Sellerie, 1 Zweiglein Rosmarin, 1 Karotte, 2 Knoblauchzehen, 1/2 kg geschälte Tomaten (auch Pelati aus der Dose), 1 1/2 Glas Olivenöl extravergine, 1 Glas trockener Weißwein, Salz und Pfeffer

Stockfisch nach Ancona-Art

Wohl das typischste Fischgericht der Marken, mit dem die Winzer früher den Abschluß der Weinlese feierten, das aber heute auch als Geheimtip für Feinschmecker gilt.

Zuvor den Stockfisch drei Tage lang in viel Wasser einlegen. Nun Zwiebel, Sellerie, Karotte und Knoblauch feinschneiden. Den Fisch in große Stücke zerpflücken, die Hälfte davon in eine tiefe Pfanne geben und die Hälfte der Gemüse und etwas Rosmarin darüber verteilen. Noch einmal eine Lage Fisch und Gemüse darüberschichten und mit Salz und Pfeffer würzen. Olivenöl, Wein und die pürierten Tomaten darübergießen. Während 2 Stunden zugedeckt leise köcheln lassen.
Dazu paßt ein junger trockener Rotwein oder ein trockener Weißwein. Lamberto empfiehlt seinen Gästen natürlich einen Wein aus der Gegend, einen Rosso Conero oder einen weißen Verdicchio.

HOTEL VILLA CIPRIANI Asolo (Treviso)

Baccala'in tecia con polentina bianca

4 Personen

400–500 g Stockfisch, 1 kleingeschnittene Zwiebel, 6 Sardellenfilets, 100 g Kernmehl, 100 g geriebener Parmesan, 100 g Butter, 1/4 l Olivenöl extravergine, 1 1/2 l Milch, 1 TL Zimtpulver, 1 Lorbeerblatt, Salz nach Belieben

Stockfisch in der Tonform mit weißer Polenta

Der Stockfisch gehört zur Küche Venetiens wie das Ei zum Huhn. Ein Dichter aus Padua soll einmal ausgerufen haben: „Stockfisch und polenta, wer hat dich erfunden, o Wunder der Gerichte? Nennt mir seinen Namen, gebt mir seine Maße, daß ich ein Denkmal ihm errichte!" Hier ein besonders traditionelles Stockfisch-Rezept.

Den Stockfisch mindestens 48 Stunden wässern. Den Fisch aufschneiden, von sämtlichen Gräten befreien. Aus Zwiebel, Sardellenfilets, Kernmehl, Parmesan, Butter, Öl, Zimtpulver, Lorbeerblatt und etwas Salz eine homogene Paste herstellen. Den Fisch damit füllen, ihn wie ein Sandwich zusammenfalten und in Portionen schneiden.
Die Fischstücke nun in eine Backform aus gebranntem Ton (Römertopf) mit Deckel schichten und das Gericht im Ofen während 2 1/2 Stunden langsam schmoren lassen. Servieren mit frischer weißer Polenta.

RISTORANTE MANUELINA Recco

Triglie alla rivierasca

4 Personen

4 Meerbarben, 1 Handvoll schwarze Oliven, 1 Zitrone, 1/2 dl Öl, Salz, Pfeffer, 1 dl Weißwein

Rote Meerbarben nach Riviera-Art

Eine Spezialität des sonst eher fischarmen Liguriens. Die rote Meerbarbe, auch Rotbarbe genannt, verdankt ihren Namen der dunkel- bis purpurroten Farbe. Sie wird bis zu 30 Zentimeter lang und kommt hauptsächlich im Mittelmeer vor.

Die Fische putzen und schuppen und in einer Marinade aus Zitronensaft, Salz und Pfeffer etwa 1 Stunde ziehen lassen. Dann in eine feuerfeste Form legen, mit der Marinade, Öl und Weißwein übergießen, mit Oliven verzieren und im vorgeheizten Backofen 20 Minuten garwerden lassen.
Dazu wird im Manuelina einen Vermentino d'Imperia getrunken.

RISTORANTE SAN DOMENICO Imola

Seezunge in Weißwein

366 Seezungenrezepte sind in einem wirklich seriösen internationalen Lexikon der Küche aufgelistet, ein Zeichen für die Beliebtheit dieses Fischs. Leicht nachvollziehbar ist das delikate Rezept des Spitzenrestaurants San Domenico.

Die Seezungen putzen, von der Haut befreien und filettieren. Die Filets leicht klopfen und in wenig Mehl wenden. Die Butter in einer verzinkten Kupferpfanne schäumen lassen und darin die Filets beidseitig goldbraun backen. Mit 3 dl Wein übergießen, den man zur Hälfte einkochen läßt. Salzen und den flüssigen Rahm hinzugeben. In eine ausgebutterte Backform legen, mit der Flüssigkeit übergießen und in den vorgeheizten Ofen schieben. Bei 120° C während 5 Minuten garen lassen, bis die Sauce dickflüssig wie eine Creme geworden ist.
Unterdessen die Pilzköpfchen zusammen mit 1 dl Weißwein, dem Zitronensaft und etwas Salz in 1/2 l Wasser 5 Minuten kochen.
Die Seezungen auf vorgewärmte Teller anrichten und mit den gebleichten, in Blättchen geschnittenen Pilzköpfchen garnieren.

Sogliola al vino bianco

4 Personen
4 Seezungen zu ca. 200 g, 100 g Butter, 4 dl trockener Weißwein, 2 dl Rahm, 8 weiße Pilzköpfchen, 1/2 Zitrone (Saft), Salz

HOTEL CIPRIANI Venezia

Süß-saure Seezungen

Junge Seezungen werden in einer apart schmeckenden Wein- und Essigsauce zusammen mit Zwiebeln und Gewürzen gegart.

In einem Kochtopf 1/2 dl Öl heiß werden lassen und darin die feingehackten Zwiebeln zart bräunen. Essig, Wein, Gewürze und die übrigen Zutaten beigeben. Ungefähr 15 Minuten kochen lassen und vom Feuer nehmen.
Die Seezungen wenig salzen, leicht in Mehl wenden und in heißem Öl braten. Auf einer Platte anrichten und die Sauce darübergießen. Vor dem Servieren kurz in den Backofen stellen, damit die Seezungen die Sauce gut aufnehmen können.
Dazu serviert das Hotel Cipriani einen Grappa Nonnino.

Sfogi in saor

6 Personen
1 kg junge Seezungen, 500 g Zwiebeln, 1/4 l Essig, 1/2 l trockener Weißwein, 100 g Sultaninen, 50 g Pinienkerne, 1 Prise Salz, etwas frisch gemahlener weißer Pfeffer, 2 Lorbeerblätter, 1 dl Öl

RISTORANTE ANTICO MARTINI Venezia

Filetti di San Pietro alla Betty

4 Personen

4 Filets vom St. Petersfisch, 150 g gekochte und geschälte Schalentiere (Krebse, Hummer oder Crevetten, Venusmuscheln, Miesmuscheln, Langusten etc.), 50 g trockener Weißwein, 100 g Rahm, Butter, Salz, Pfeffer

St. Petersfilets nach Bettys Rezept

Das Antico Martini liegt La Fenice, Venedigs berühmter Oper, gleich gegenüber und gilt nicht gerade als billige Verpflegungsstätte. Dieses exquisite Fischgericht – den St. Petersfisch erhält man auch bei uns in guten Geschäften – ist leicht nachzuvollziehen und auch für den verwöhnten Gourmet eine Schleckerei.

Die Fischfilets mit Salz und Pfeffer einreiben, in Butter kurz anbraten. Die Schalentiere dazugeben und mit dem Wein übergießen. Etwas einkochen lassen und dann den Rahm beigeben. Die Fischfilets anrichten und die Schalentiere darüber verteilen. Die entstandene Sauce separat dazu servieren.

RISTORANTE EMILIANO Stresa

Trancio di trota rosa del lago alla „Bella Stresa“

4 Personen

600 g Forelle (rosa) tranchiert, 0,4 dl Sahne, 0,8 dl Fischfond (vgl. Grundrezept S. 152), 0,8 dl trockener Wermuth, 0,4 dl Cognac, 30 g Butter, 30 g junger Sauerampfer, 1 dl Olivenöl, 1 Teelöffel Kartoffelmehl, Salz, Pfeffer

Rosarote Seeforellen „Bella Stresa“

Ein Forellengedicht, das seine Raffinesse dem selbsthergestellten Fischfond und dem frischen Sauerampfer verdankt.

In einem Pfännchen von ca. 15 cm Durchmesser den Cognac und den Wermuth zur Hälfte einkochen lassen, das Fischfond, die Sahne und das in einem Löffel Milch aufgelöste Kartoffelmehl dazugeben und die Sauce unter ständigem Umrühren mit der Holzkelle 8 Minuten köcheln lassen. Nun die Butter und den kleingeschnittenen Sauerampfer beifügen.
Unterdessen in einer großen Bratpfanne Olivenöl heiß werden lassen und darin die mit Salz und Pfeffer eingeriebenen Forellentranchen (jede ca. 1 cm dick und 150 g schwer) beidseitig backen.
Die Sauce auf einer vorgewärmten Platte anrichten und die Fischtranchen darauflegen, ohne sie in der Sauce zu wenden.

RISTORANTE GEORGE'S Roma

Trote al vino rosso

4 Personen

4 Forellen zu 200 g, 2 Karotten in Scheibchen geschnitten, 1 Zwiebel in Scheiben geschnitten, 1 Büschel Gewürzkräuter, 20 g Mehl, 80 g Butter, trockener

Forellen in Rotwein geschmort

Eine eher ungewohnte Variante eines Forellenrezepts, die wohl die Wahl des Tischweins erschwert, einen Versuch aber unbedingt lohnt.

Zwiebel und Karotten zusammen mit den feingeschnittenen Gewürzkräutern in 25 g Butter leicht andämpfen.

Eine Backform aus Glas oder Ton mit reichlich Butter bestreichen, den Boden mit dem gedünsteten Gemüse bedecken, die Forellen innen und außen mit Salz und Pfeffer einreiben und auf die Gemüseunterlage legen. So viel Rotwein zugießen, bis die Forellen bedeckt sind. Das Gericht zugedeckt in den vorgeheizten Backofen schieben und, vom Siedepunkt an gerechnet, während 10 Minuten bei mäßiger Hitze garen.
Nun die Forellen sorgfältig abtropfen und auf einer Platte warmstellen. Den Kochfond durch ein Sieb streichen und einkochen, bis er eine sirupartige Konsistenz angenommen hat. Den „fondo bruno", 50 g Mehlbutter (30 g Butter mit 20 g Mehl gut geknetet) beifügen. Die Sauce zum Kochen bringen, vom Feuer nehmen, sofort mit den übrig gebliebenen Butterstückchen vermischen und über die Forellen gießen.

Rotwein, 3 EL „fondo bruno" (vgl. Grundrezept S. 152; evt. durch konzentrierte Fleischbrühe ersetzen), Salz, Pfeffer

TRATTORIA DAI PESCATORI Burano

Tintenfische im Töpfchen

Spezialität der Trattoria dai Pescatori sind – wie könnte es anders sein – Fischgerichte, zubereitet in der Küche von der Padrona des Hauses, Jole Scarpa. Nach Möglichkeit sollten für dieses Gericht ganz junge Tintenfische (seppioline) verwendet werden.

Sellerie, Zwiebel und Knoblauchzehe sehr fein hacken und im Öl goldgelb dünsten, die Lorbeerblätter hinzufügen. Die Tintenfische wie oben beschrieben in die Pfanne geben, sorgfältig im Gemüse wenden und mit Wein ablöschen. Mit Salz und Pfeffer würzen und zugedeckt während 20 Minuten köcheln lassen. Dann Tomatenpüree und Rosmarin dazugeben und noch einmal 10 Minuten fertiggaren.
Dazu passen gebratene Polentaschnitten ausgezeichnet.

Seppie in tecia

4 Personen
6–8 kleine bis mittlere Tintenfische, von denen man nur Knochen und Maul entfernt. Den Tintenbeutel nicht wegschneiden, sondern aufstechen, sobald man die Fische in die Pfanne gibt.
1 Staude Sellerie, 1/2 Zwiebel, 2 Knoblauchzehen, 2 Lorbeerblätter, Öl, 1 Glas trockener Weißwein, Salz, schwarzer Pfeffer, 2 EL Tomatenpüree,
1 TL Rosmarin (feingehackt)

RISTORANTE LA PIGNATA Bari

Bareser Eintopf

Ein rustikaler Eintopf mit Miesmuscheln, der kalt oder warm gegessen wird. Bei Tisch nicht vergessen, daß Muschelschalen im Gericht versteckt sind!

Kartoffeln, Zucchini und Zwiebeln in 1 cm dicke Scheiben schneiden und die Hälfte davon in eine große Pfanne schichten. Die leere Hälfte der Muscheln entfernen (vgl. Grundrezept S. 153). Die gefüllten Hälften, den vorgekochten Reis, die Tomaten mit dem Käse und der Petersilie darüber schichten. Auch hier nur die Hälfte der Menge verwenden, damit von allen Zutaten noch genügend für eine weitere Schicht bleibt. Zum Schluß Salz darüber streuen. Mit Wasser und Öl übergießen und auf kleinem Feuer während 1 Stunde kochen.

Tortiera alla barese

6 Personen
1 kg Kartoffeln, 500 g Zucchini,
2 Zwiebeln, 1 kg Miesmuscheln,
50 g Reibkäse, 25 g gehackte Petersilie,
2 Knoblauchzehen (gehackt), 1 dl Öl,
1 1/2 l Wasser, 30 g Salz, 500 g geschälte Tomaten, 300 g Reis

HOTEL CIPRIANI Venezia

Scampi alla Carlina

4 Personen
400 g Scampi, 40 g Butter, 30 g Kapern und gehackte Essiggurken, 40 g Öl, 2 Eier, 2 EL gehäutete Tomaten (in kleine Würfel geschnitten)

Scampi nach Carlina-Art

Daß auch luxuriöse Erstklaßhäuser oft und gerne einfachen Rezepten den Vorzug geben, beweist einmal mehr das idyllisch auf der Giudecca-Insel gelegene Hotel Cipriani.

Vorbereitung der Scampi
Die Schwänze von der Schale befreien. Mit spitzem Messer dem Rücken entlang einschneiden und die dunkle oder weiße Darmader entfernen. Einfacher, doch mit einem kleinen Qualitätsverlust verbunden, geht es, wenn tiefgefrorene Scampi vorher aufgetaut werden.

Zubereitung
Die Scampi leicht in Mehl und anschließend im geschlagenen und leicht gesalzenen Ei wenden.
In einer Pfanne das Öl erhitzen und die Scampi während ca. 5 Minuten darin schön bräunen.
Die Kapern, die Essiggurken, die Tomatenwürfel und die zerlaufene Butter darübergeben.
Mit Pilaw-Reis servieren.
Dazu empfiehlt das Cipriani einen Pinot Grigio Felluga di Brazzano.

RISTORANTE DEL SOLE Ranco (Varese)

Sandra brasata

6 Personen
1,5 kg Zander, 250 g Zwiebeln, 250 g Sellerie, 250 g Karotten, 300 g reife Tomaten, 1 Glas Rotwein, 1/2 l Fischbrühe, 1 Zweig Rosmarin, 1 Zweig Thymian, 3 Salbeiblätter, 50 g Speckwürfel, 150 g Butter, Salz und Pfeffer, Öl, sehr wenig wilder Fenchel

Geschmorter Zander

Aus der Familie der Barsche stammend ist dieser Süßwasserfisch von silbriger Grundfarbe und weist auf dem Rücken dunklere Schattierungen auf. Für dieses Rezept kann Zander auch durch Forelle, Schleie, Hecht oder Seebarsch ersetzt werden.

Zwiebeln, Sellerie, Karotten und Tomaten in größere Stücke schneiden und in einer großen Fischpfanne in Öl 15 Minuten leicht dämpfen. Den Fisch putzen und die Gräte entfernen. Den Bauch mit Salz und Pfeffer würzen und mit Rosmarin, Thymian, Salbei, Fenchel und Speck füllen. Zusammen mit dem Gemüse bei starker Hitze anbraten. Mit einem Glas Rotwein ablöschen, die Fischbrühe dazugießen und zugedeckt während 20 Minuten leicht kochen lassen. Den Fisch herausnehmen und warmstellen.
Die Gemüse pürieren und zusammen mit der Flüssigkeit auf kräftigem Feuer noch etwas eindicken lassen. Wenig Mehl mit einem Stück Butter verkneten und zur Sauce geben. Sobald diese sämig ist, über den Fisch gießen und servieren.

LOCANDA CIPRIANI Inn-Bar
VA BEN

RISTORANTE 12 APOSTOLI Verona

Kalbskotelett 12 Apostoli

Ein üppiges, großzügiges Fleischgericht, nach dessen Genuß ein Gläschen Grappa zum Kaffee der Verdauung nur förderlich sein kann.

Für die Lebermousse die Leber in kleine Stücke schneiden und einige Stunden in kaltes Wasser legen, dann abtropfen lassen und mit einem Tuch abtrocknen. Die Zwiebel und den Speck kleinschneiden und in etwas Öl anbraten, die Leber und die Kräuter beigeben, mit Salz und Pfeffer würzen. Mit einigen Löffeln Fleischbrühe ablöschen und kurz dünsten. Alles ganz fein durch den Fleischwolf drehen und mit Hilfe eines Schneebesens mit der kaum geschmolzenen Butter, dem Portwein und dem Cognac verrühren. Die Mousse nun so lange bearbeiten, bis sie eine weißliche Farbe angenommen hat. Probieren und eventuell mit Salz und Pfeffer nachwürzen.
Mit einem gutgeschliffenen Messer, mit feiner Klinge, die Koteletts von der Seite her einschneiden, so daß eine möglichst kleine Öffnung, jedoch genügend Innenraum für die Füllung entsteht. Nun mit einem Spritzsack die Mousse einfüllen, einen kleinen Rest davon beiseitestellen. Die so gefüllten Koteletts in Mehl wenden und in etwas Butter und Öl anbraten. Das Fleisch in eine Auflaufform mit hohem Rand legen, mit dem Weißwein, der Fleischbrühe und dem Fleischsaft begießen, mit bebuttertem Ölpapier (oder Alufolie) zudecken und im vorgeheizten Ofen während vierzig Minuten schmoren lassen. Das Gericht aus dem Ofen nehmen, die Koteletts abtropfen lassen und auf guter Hitze die Soße wie folgt legieren: Den Rest der Mousse beigeben, gut umrühren und die Halbsahne hinzufügen. Ein nußgroßes Stück Butter mit ebensoviel Mehl verkneten und in kleinen Stückchen beigeben, und zwar dort, wo es am meisten kocht. Mit einem Holzlöffel gut umrühren. Die Koteletts mit ihrer Sauce übergießen und zusammen mit Kartoffelpüree und kleinem Blätterteiggebäck servieren.

Costoletta 12 Apostoli

4 Personen
4 dicke Kalbskoteletts, 200 g Kalbsleber, 100 g durchwachsener Bauchspeck, 100 g Butter, 1/4 Glas Portwein, 1/4 Glas Cognac, Salbei, Rosmarin, 1/2 Zwiebel, 1 Tasse Halbsahne, 1/4 Glas Weißwein, 1/4 Glas Fleischbrühe, 1/4 Glas „fondo bruno“ (siehe S. 152), 2 EL Olivenöl, Salz und Pfeffer

OSTERIA E BIRRERIA I 13 GOBBI Firenze

Lombatina di vitello alla nostra moda

4 Personen
4 Kalbslendchen zu ca. 250 g, 600 g grüner Spargel, etwas Weißmehl, 1 Glas trockener Weißwein, 50 g frischgeriebener Parmesan, 1 EL frische Sahne, Salz und Pfeffer nach Belieben

Kalbslendchen mit grünem Spargel

Ein einfaches und trotzdem raffiniertes Rezept aus Florenz. Kalbslendchen werden zusammen mit frischem Spargel (die italienische grüne Sorte ist auch bei uns erhältlich) und Parmesan im Ofen kurz überbacken.

Den Spargel in Salzwasser halbweich kochen (10–15 Minuten), die Spitzen in 3 cm lange Stücke schneiden und warm stellen. Die Lendchen vom Fett befreien und in Mehl wenden. Dann in einer Bratpfanne auf beiden Seiten schnell anbraten, mit Weißwein ablöschen und diesen verdampfen lassen. Erst jetzt mit Salz und Pfeffer würzen.
Die Lendchen nebeneinander in eine gut mit Butter ausgestrichene, feuerfeste Form legen, die Spargelspitzen darüber verteilen, den geriebenen Parmesan darüberstreuen und zum Schluß mit dem Bratfond, den man mit einem Löffel flüssiger Sahne vermischt hat, übergießen. Das Gericht im vorgewärmten Ofen ca. 5 Minuten überbacken und heiß servieren. Gut schmecken kleine Kartoffeln dazu.

RISTORANTE SAVINI Milano

Ossobuco alla Milanese

4 Personen
4 Kalbshaxen (mindestens 4 cm dick), 50 g Butter, 50 g Öl (nicht Olivenöl), 1 kleine Zwiebel, 1 Karotte, 1 Sellerieknolle, 1 Lorbeerblatt, 1 Glas Weißwein, 1 Eßlöffel getrocknete Pilze, 1 feingeschnittene Tomate (oder 150 g Pelati), Salz und Pfeffer nach Belieben, 1 Büschel Petersilie, 2 Blättchen Basilikum, 1 Blatt Salbei, 1 Zweig Rosmarin, 1/4 Knoblauchzehe (das Parfüm darf nur angedeutet werden), etwas Zitronenschale, etwas Fleischbrühe

Kalbshaxen nach Mailänder Art

Vom alteingesessenen Ristorante Savini, das sich heute in der berühmten Galleria Vittorio Emanuele befindet, stammt das besonders leckere Kalbshaxenrezept, das sich übrigens hervorragend für eine größere Einladung eignet, weil es vorbereitet und 1 1/2 Stunden vor dem Essen nur noch in den Ofen geschoben werden kann.

Die Kalbshaxen salzen, pfeffern und mit Mehl bestäuben. In einer Bratpfanne 1 Eßlöffel Öl und etwas Butter heiß werden lassen und das Fleisch darin beidseitig anbraten.
In einem separaten Brattopf die sehr fein geschnittene Zwiebel und Sellerieknolle zusammen mit dem Lorbeerblatt in der restlichen Butter und 3 Eßlöffel Öl auf kleiner Hitze dünsten.
Die angebratenen Kalbshaxen aus der Pfanne nehmen, zum Gemüse geben und beides zusammen noch einen Moment auf kleinem Feuer garen lassen. Mit dem Weißwein ablöschen, diesen verdunsten lassen und die Tomate sowie die zuvor in lauwarmem Wasser eingeweichten und ebenfalls kleingeschnittenen Pilze beifügen. Noch etwas Wasser und Fleischbrühe hinzugießen und das Gericht zugedeckt im Ofen während ca. 1 1/2 Stunde fertiggaren lassen.
Petersilie, Basilikum, Salbei, Rosmarin, Knoblauch und die Zitronenschale sehr fein hacken. Dieses Gemisch, das insgesamt höchstens einem Teelöffel entsprechen darf, kurz vor Ende der Garzeit den Kalbshaxen beigeben. Als Beilage empfiehlt sich Risotto alla milanese, eventuell Kartoffeln oder in Butter gedünsteter Spinat.

RISTORANTE SAVINI Milano

Costolette alla milanese

4 Personen
4 Kalbskoteletten, 2 zerklopfte Eier, 300 g Paniermehl (Reibbrot), Salz, 100 g Butter, 1 dl Sonnenblumenöl

Kotelett nach Mailänder Art

Der „Gelehrtenstreit", ob das berühmte lombardische Kotelett nach Mailänder Art eine Nachahmung des Wiener Schnitzels sei oder umgekehrt, hält weiter an! Ein Schriftstück im Wiener Staatsarchiv soll zwar dokumentieren, daß Feldmarschall Radetzky in einem Bericht über die militärische Lage in der Lombardei auch von einem köstlichen Fleischgericht berichtet haben soll, eben vom Costoletta alla milanese. Diese Mitteilung habe Kaiser Franz Josef so sehr beeindruckt, daß seine Köche das Gericht gleich nachvollziehen mußten, womit das Wiener Schnitzel „erfunden" war.

Von den Koteletten sorgfältig die Haut und allfällige kleine Nervenstränge entfernen, sie flachklopfen und mit Salz bestreuen. Nun im zerklopften Ei und anschließend in Paniermehl wenden, sie mit der Hand in der Luft leicht klopfen, damit das überschüssige Paniermehl runterfällt und die Koteletten einheitlich flach sind.
In einer weiten Bratpfanne läßt man das Fleisch in halb Butter, halb Öl beidseitig braten, bis es goldgelb ist. Angerichtet werden die Koteletten mit Zitronenschnitzchen, dazu serviert das Restaurant Savini Bratkartoffeln oder einen gemischten Salat.

RISTORANTE CURSULA Cascia

Cascianella

6 Personen
6 Scheiben Kalbfleisch zu 80 g (vom Nußstück), 100 g Lammleber (kann auch durch andere ersetzt werden), 50 g Butter, 2 Salbeiblätter, 1 kleine Zwiebel, 4 kleine Artischocken aus dem Öl, 2 Sardellen, 6 Kapern aus dem Essig, 1/2 Glas Weißwein, Schale von 1/2 Zitrone, Saft von 1 Zitrone, 2 kleine Essiggurken, 2 EL Olivenöl, 6 Scheiben Brot, Salz, Pfeffer

Cascianella

Eine originelle Eigenkreation des Küchenchefs Oriano Bruni: Kalbfleisch an einer reichhaltigen Sauce, angerichtet auf gerösteten Brotscheiben.

In einer Bratpfanne Öl und Butter heißwerden lassen, darin Zwiebel und Leber (beides kleingeschnitten) anbraten und mit dem Wein ablöschen. Diesen verdampfen lassen, Artischocken, Salbeiblätter, die kleingeschnittenen Sardellen und Essiggurken, die Kapern, die Zitronenschale hinzufügen und mit Salz und Pfeffer abschmecken. Das Ganze 2 Stunden auf kleinem Feuer garen, alle 15 Minuten 1/2 Glas Wasser beigeben, damit es nicht anbrennt. Am Schluß die Zitronenschale herausnehmen und die Sauce passieren.
Während man in einer weiten Bratpfanne das Fleisch in einem Gemisch von Öl und Butter kurz anbrät (ca. 5 Minuten beidseitig), in einer anderen Pfanne die Brotscheiben rösten. Langsam die Sauce und den Zitronensaft zum Fleisch geben und die Pfanne gut zudecken. Das Gericht einige Minuten schmoren lassen. Die Sauce sollte nicht zu sehr eingedickt, sondern schön flüssig sein.
Eine Platte mit Brotscheiben auslegen, die Sauce darübergießen und auf dieser gehaltvollen Unterlage das Fleisch anrichten.

RISTORANTE ENOTECA CÀ PEO Leivi (Genova)

Gefüllte Kalbfleischrouladen nach Genueser Art

Der Name soll sich aus dem spätlateinischen tomaculum herleiten und bezeichnet eine Art Würstchen. Edel ist aber die Hülle aus Kalbfleisch und eine Überraschung die Füllung; ein bewährtes ligurisches Gericht.

Das Hirn zusammen mit Majoran, Petersilie, der Knoblauchzehe und den vorher eingeweichten Pilzen (gut passen Steinpilze) feinhacken. Das Weiche einer Semmel in Fleischbrühe einweichen, ausdrücken und zusammen mit den Pinienkernen dazugeben. Die ganze Masse im Mörser gut verarbeiten. Den Käse, die Eier, Salz und Pfeffer hinzufügen, nochmals gut mischen und die Füllung auf die flachgeklopften Kalbsschnitzel verteilen. Diese zu Rouladen aufrollen und mit einem Faden zusammenbinden. Die Rouladen in heißer Butter schön anbraten, mit 1/2 Glas Weißwein ablöschen, das Tomatenpüree beigeben und mit Bratensaucenwürfel abschmecken. Während einer Viertelstunde gar werden lassen und ab und zu mit Fleischbrühe verdünnen. Am Schluß die Sauce zu einem homogenen Konzentrat einkochen lassen, die Fäden entfernen und servieren.

Tomaxelle

4 Personen
8 flachgeklopfte Scheiben Kalbfleisch (Schnitzel), 100 g Kalbshirn (kann auch durch gehacktes Kalbfleisch ersetzt werden), Butter, 20 g getrocknete Pilze, 1 Handvoll Pinienkerne, 1 Zweig Majoran, 1 Büschel Petersilie, 1 Knoblauchzehe, 1 EL Tomatenpüree, 1 Semmel, 2 Eier, Parmesan, 1/2 Glas Weißwein, Bratensauce, Mehl, Salz, Pfeffer, 1/2 l Fleischbrühe

RISTORANTE DANTE Bologna

Kalbsnierchen mit Pilzen

Die in einer köstlichen Sauce zubereiteten Kalbsnierchen werden im Ofen noch kurz mit Parmesan überkrustet.

Eine große Pfanne mit Wasser zum Sieden bringen und darin die Nierchen während 3 Minuten kochen. Das Wasser abgießen, die Nieren unter kaltem, laufendem Wasser abspülen. Nun das Fett entfernen, die Nieren wieder in frisches siedendes Wasser geben und während 2 Minuten kochen. Noch einmal unter kaltem Wasser gründlich abspülen. In einer Bratpfanne die Butter schmelzen, die feingeschnittene Zwiebel und die Nierchen beigeben, mit Salz und Pfeffer würzen und mit Cognac übergießen. Darauf achten, daß dieser nicht verdampft. Pilze, Petersilie, Tomatensauce, „fondo bruno“ und die Pfefferschote dazugeben und während weiterer 5 Minuten schmoren lassen. Nun in eine feuerfeste Form geben, mit Parmesankäse bestreuen und im Ofen während 5 Minuten überbacken. Dazu serviert das Ristorante Dante Salzkartoffeln.

Rognoncino di vitello sauté ai funghi

4 Personen
600 g Kalbsnierchen, 100 g feingeschnittene Steinpilze, 1/2 Zwiebel, 4 EL Tomatensauce (siehe S. 151), 50 g geriebener Parmesankäse, 1 kleine, scharfe Pfefferschote, 1 EL gehackte Petersilie, 50 g Butter, 1/2 Glas Cognac, 1 Glas „fondo bruno“ (siehe S. 152), Salz und Pfeffer nach Belieben

RISTORANTE ANDREA Meran

Cervello di vitella Timball

4 Personen
250 g Kalbshirn, 8 Eigelb, 4 Eierschnee, Saft 1/2 Zitrone, 1/2 l Sahne, 1 Knoblauchzehe, 50 g Butter, 2 dl Weißwein, 1 Lorbeerblatt, Salz, Pfeffer, Schnittlauch

Kalbshirn Timball

Der berühmte Südtiroler Kochkünstler Andreas Hellriegl beweist mit diesem Rezept, daß auch mit Kalbshirn ein delikates und raffiniertes Essen auf den Tisch kommen kann.

Hirn enthäuten, in Salzwasser, dem man 1 dl Weißwein, etwas Zwiebel, 1 Lorbeerblatt und Zitronensaft beigegeben hat, einlegen und waschen. 1 Knoblauchzehe klein hacken, in Butter leicht anrösten, das gehackte Hirn dazugeben und dünsten, mit Salz und Pfeffer würzen und erkalten lassen. Dann 4 Eigelb und 3 dl Sahne dazugeben, 4 Eierschnee sorgfältig daruntermischen. In ausgebutterte Auflaufförmchen füllen und im Wasserbad bei 170 Grad ca. 45 Minuten köcheln lassen, dann stürzen und mit folgender Sauce servieren:
4 Eigelb, Salz, Pfeffer, 1 dl Weißwein, 2 dl aufgekochte Sahne zu einem Sabajon schlagen und zum Schluß feingeschnittenen Schnittlauch dazugeben. Separat servieren.

RISTORANTE LA MAIANA Avigliana (Torino)

Finanziera

4 Personen
150 g Kalbsbries, 120 g Rückenmark vom Kalb, 150 g Geflügelleber, 60 g in Essig eingelegte Steinpilze, 60 g kleine Essiggurken, 60 g grüne Oliven, 1 Zitrone, 1/2 Glas Marsala, 1 Tasse Fleischbrühe, 30 g Butter, Salz

Innereien nach Turiner Art

Dieses typische Turiner Gericht ist bei Feinschmeckern sehr beliebt, verlangt jedoch viel Aufmerksamkeit bei der Zubereitung.

Das Kalbsbries und das Rückenmark in leicht gesalzenem Wasser, dem man etwas Zitronensaft beigefügt hat, während einigen Minuten sieden. Unter fließendes kaltes Wasser stellen, Fleisch und Rückenmark abtropfen lassen und in kleine Stücke schneiden. Nun die geviertelte Hühnerleber in Butter anbraten, das Kalbsbries und das Mark hinzugeben, salzen, mit Marsala ablöschen und diesen verdunsten lassen. Zuletzt die Pilze, die kleingeschnittenen Gurken und Oliven dazugeben, mit der Fleischbrühe ablöschen und das Gericht während einiger Minuten leicht köcheln lassen. Dazu paßt ein nicht zu schwerer Rotwein.

Sagra
OLIO DI SEMI DI ARACHIDE

OSTERIA ROMANA „CHECCO ER CARETTIERE“ Roma

Coda alla vaccinara

6 Personen
1,6 kg Ochsenschwanz in Stücke geschnitten, 1 dl Olivenöl extravergine, 1,5 kg Pelati (geschälte Tomaten aus der Büchse), 1 Sellerieknolle, 1 Karotte, 1/2 Zwiebel, 50 g fetter Speck, 3/4 l Rotwein, Salz, Pfeffer

Ochsenschwanzragout

Ein preisgünstiges, originelles Fleischgericht in einer gehaltvollen Sauce, mit dem man im Freundeskreis garantiert Erfolg erntet.

Sellerieknolle, Zwiebel, Karotte und den Speck feinschneiden und in Öl in einer Schmorpfanne während 5 Minuten bei mittlerer Hitze dünsten. Den Ochsenschwanz beifügen und während ca. 1 Stunde bräunen lassen, salzen, pfeffern. Nun den Wein hinzufügen, gut zudecken und auf kleinem Feuer eine Stunde köcheln lassen. Die pürierten Tomaten dazugeben, nach 15 Minuten den in Streifchen geschnittenen Selleriestengel und alles auf kleinem Feuer eine weitere Stunde gar werden lassen. Als Beilage eignet sich hervorragend Polenta.

BUCA DI SAN ANTONIO Lucca

Agnello spezzato con olive nere

4 Personen
1 kg Milchlamm in Ragoutstücke geschnitten, 200 g schwarze Oliven, 2 dl Olivenöl extravergine, 2 Knoblauchzehen, 1/2 Zwiebel, 1 Zweig Rosmarin, 1 Glas Weißwein, Salz, Pfeffer

Lammragout mit schwarzen Oliven

Ein schlichtes, aber sehr schmackhaftes Hirtengericht von den Hügeln bei Lucca.

In einer Kasserolle das Olivenöl heiß werden lassen, darin das Lammragout anbraten, die feingehackte Zwiebel, den Knoblauch und den Rosmarin beifügen, kurz mitdünsten, salzen, pfeffern und mit dem Weißwein ablöschen. Auf kleiner Hitze zugedeckt 30 Minuten leise kochen lassen, dann die Oliven beifügen, nochmals 30 Minuten gar werden lassen.
In einer rustikalen Tonschüssel servieren.

RISTORANTE CURSULA Cascia

Agnello tartufato

4 Personen
Keule eines jungen Lammes, 120 g schwarze Trüffel, 4 Sardellen, Saft von 2 Zitronen, 1 dl Olivenöl, Salz

Lammkeule parfümiert mit Trüffeln

Für die Zubereitung dieses exklusiven, doch einfachen Rezepts, das aus der Antike stammen soll, wird ein gut schließbares Tongefäß empfohlen. Ideal ist ein Römertopf.

Die Lammkeule wird in nicht zu kleine Stücke zerteilt. Öl, Salz und die kleingeschnittenen Sardellen im Mörser bearbeiten, bis eine homogene Paste entsteht. Die Lammstücke damit bepinseln. In den Römertopf schichten und im Backofen bei mittlerer Hitze 2 Stunden garen. Nach halber Kochzeit das Fett wegschöpfen und sofort den mit etwas Wasser verdünnten Zitronensaft dazugeben, auf kleiner Hitze fertigschmoren. Nun sorgfältig die im Mörser zerstampften Trüffel daruntermischen und zugedeckt im Ofen noch 10 Minuten ziehen lassen.

RISTORANTE LA PIGNATA Bari

Ziegenlamm nach Hausfrauenart

Es braucht nicht immer eine Fülle von Gewürzen und Zutaten. Oft liegt in der Schlichtheit eines Rezeptes das Geheimnis des Erfolges.

Das Fleisch in Stücke schneiden und in eine eingeölte Backform schichten. Die geschnittenen Kartoffeln und die Pilze beigeben. Das ganze Gericht mit Salz und Pfeffer bestreuen und bei mittlerer Hitze im Backofen während 1 1/2 Stunden gar werden lassen.
Als Wein wird im La Pignata ein „Salice Salentino de Castris" empfohlen.

Capretto alla casalinga

4 Personen
800 g Ziegenlamm, 800 g Kartoffeln, 60 g frische Pilze, 50 g Öl, Salz und Pfeffer

HOTEL UMBRA Assisi

Friccó

Eines der ältesten Rezepte Umbriens, zu dem eine Vielfalt von Fleischarten verwendet werden kann, z.B. Lamm, Ente, Huhn, mageres Kalbfleisch. Das Hotel Umbra empfiehlt gleiche Quantitäten von jeder Sorte. Am besten bereitet man das Gericht für eine größere Tafelrunde zu.

In einer Bratpfanne die Fleischstücke bräunen, salzen und pfeffern, in den Römertopf schichten und die kleingeschnittenen Kräuter, den Wein und den Essig beigeben und das Gericht im Ofen zugedeckt schmoren lassen, bis sich das Fleisch leicht von den Knochen lösen läßt und die Sauce schön sämig ist.
Durch die Zugabe des Essigs verträgt sich das Gericht nicht sehr gut mit Wein.
Das Hotel Umbra empfiehlt einen ganz jungen Rosé dazu.

Friccó

4 Personen
1,2 kg Fleisch (Sorten nebenstehend), 2 Gläser trockener Weißwein, 1/2 l Essig, 3 Knoblauchzehen, 2 Zweig Rosmarin, Salbei nach Belieben, Pfeffer und Salz, Olivenöl

RISTORANTE ITALO Formia

Schmorbraten nach Formia-Art

Ein klassisches Rezept für den Sonntagsbraten, zu dem eine Polenta und ein Glas Chianti ausgezeichnet passen.

Am Vortag die Kräutersauce vorbereiten:
Das Rindermark, die Knoblauchzehe, Thymian, Salbei und Petersilie feinschneiden und zusammen mit 100 g Schweinefett und Salz im Mörser zu einer homogenen Masse verarbeiten, anschließend 12 Stunden ziehen lassen.
Für das Hauptgericht Olivenöl und restliches Schweinefett heiß werden lassen und das gesalzene Fleischstück auf allen Seiten kurz anbraten. Die Zwiebeln, die klein-

Stracotto alla formiana

4 Personen
1 kg Rinderschmorbraten, 2 Zwiebeln, 200 g Schweinefett, 1 Sellerieknolle, 50 g getrocknete Pilze, Olivenöl, 100 g Rindermark, 1 Knoblauchzehe, Thymian, Salbei, Petersilie, weiße Pfefferkörner, Salz, 1 l Rotwein, 1 Karotte, Wacholderbeeren

geschnittene Sellerieknolle und die getrockneten, in lauwarmem Wasser eingeweichten Pilze gut anbraten, die Kräutermarinade hinzufügen und das Gericht, gut zugedeckt, im Ofen während 2 1/2 Stunden schmoren lassen. Die Sauce vor dem Anrichten durch ein Sieb streichen.

RISTORANTE CHIESA Trento

Culetto di manzo stufato

4 Personen

800 g Rindfleisch (Keule), 1 Stange Sellerie, 1 Zwiebel, 1 Karotte, 1 Gewürzsträußchen, Mehl, 20 g Pinienkerne, 20 g Mandeln, 20 g getrocknete Steinpilze, Butter, Öl, Pfeffer, Salz, 2 dl Fleischbrühe, 1 Stückchen Zitrone

für die Marinade

1 Sellerieknolle, 2 Karotten, 1 Zwiebel, 1/2 l Rotwein, 2 dl Essig, 1 Stück Zitrone, Salz, Pfefferkörner, 2 Knoblauchzehen, Rosmarin, Salbei, 3 Lorbeerblätter, 5 Nelken

In Rotwein geschmorte Rindskeule

Eine interessante italienische Variante des deutschen Sauerbratens.

Vorbereitung der Marinade
Das Gemüse zerkleinern und mit den übrigen Zutaten vermischen.

Das Fleisch vom Knochen lösen, 24 Stunden in der Marinade ziehen lassen. Herausnehmen, gut abtrocknen und mit Mehl bestäuben. In einer Bratpfanne anbraten.
In einer Kasserolle Öl und Butter heiß werden lassen, das frische Gemüse mit den feingehackten Knoblauchzehen und den frischen Kräutern dünsten. Das vorher angebratene Rindfleisch hinzugeben, pfeffern, salzen, mit Flüssigkeit der Marinade und mit Fleischbrühe übergießen, bis das Fleisch bedeckt ist. Die Mandeln, Pinienkerne und die eingeweichten getrockneten Steinpilze und ein Stück Zitrone hinzufügen.
Nun alles zusammen während 2 Stunden zugedeckt im Backofen gar werden lassen.
Vor dem Anrichten die Sauce durch ein Sieb passieren; sie muß glatt und gebunden sein.

LA MAISON DE FILIPPO Courmayeur

Carbonada

4 Personen

600 g Rindfleisch vom Hinterstück, 300 g Zwiebeln gehackt, 200 g Butter, 100 g Speckwürfel, 1/2 l trockener Weißwein oder Barbera d'Asti, Muskatnuß, Zimt, Salz, Pfeffer

Rindfleisch in Wein geschmort

Das berühmte, aus dem Aostatal stammende Gericht, zu dem früher eingepökeltes Rindfleisch verwendet wurde, verdankt seinen Namen der gehaltvollen Sauce, die so schwarz wie Kohle (italienisch carbone) sein soll. Traditionell sollte es mit Rotwein zubereitet werden.

Das Rindfleisch in feine Streifen schneiden. Den Speck und die Zwiebeln während einiger Minuten in Butter dünsten, aus der Pfanne nehmen, beiseitestellen. Das Fleisch zur Butter geben, kurz anbraten, damit die Poren geschlossen werden, salzen und pfeffern. Mit etwas Mehl überstäuben.
Unterdessen in separater Pfanne den Wein warm werden lassen, mit Zimt und Muskatnuß würzen. Die Zwiebeln, den Speck und den Wein zum Fleisch geben und gut zugedeckt während 45 Minuten leise kochen lassen. Das Gericht in seiner fein sämigen Sauce auf den Tisch bringen. Dazu paßt ausgezeichnet eine feine Polenta.

TAVERNA
CAPITANO

RISTORANTE SAVINI Milano

Costata di manzo alla Savini

8 Personen
2 kg Roastbeef, 2 Karotten, 2 Sellerie-stengel, 2 Zwiebeln, 2 reife Tomaten, Salz

Roastbeef nach Savini-Art

Ein unkompliziertes lombardisches Fleischgericht, das zusammen mit vielfarbigen Beilagen zu einem Festschmaus wird.

In einer hohen Pfanne ca. 3 Liter Wasser zusammen mit dem Gemüse aufkochen. Salzen. Dann das Fleisch dazugeben. Darauf achten, daß dieses vom Wasser ganz bedeckt ist. Das Roastbeef während 40 Minuten kochen; es sollte innen noch rosa sein. Das Einhalten der Kochzeit ist wichtig, weil das Fleisch sonst zäh wird.
Das Roastbeef tranchieren und mit einer „salsa verde", mit Senffrüchten und verschiedenen eingemachten Gemüsen servieren.

Grüne Sauce
Minze, Petersilie, in Essig getunktes Weißbrot, etwas Zucker, Salz, Pfeffer, wenig Zimt im Mörser zerstoßen und mit Essig verdünnen.

ANTICA TRATTORIA DELLA PESA Milano

Mondeghili

4 Personen
600 g gekochtes Rindfleisch, evtl. 50 g Speck, 2 Scheiben Weißbrot, Petersilie, Knoblauch, 3 Eier, Brotbrösel, 1 Prise Zimt, Salz, Pfeffer, Öl, Butter

Gebackene Fleischklößchen

Die lombardischen Mondeghilis sind in der Trattoria della Pesa wichtiger Bestandteil der Antipasti, die gleich beim Eingang zu einem köstlichen kalten Buffet aufgebaut sind. Heiß aufgetragen, werden die Mondeghilis zu einem beliebten Hauptgericht.

Das gekochte Rindfleisch durch den Fleischwolf drehen. Etwas gehackte Petersilie und nach Belieben durchgepreßten Knoblauch dazugeben. Wenn das Fleisch zu mager ist, einige Stücke Speck mit durchdrehen. Mit Zimt, Salz und Pfeffer würzen, zwei Eier und die vorher in heiße Milch eingelegten Brotscheiben dazugeben.
Die Masse gut durchkneten und von Hand Kroketten von ca. 4 cm Durchmesser formen. Die Kroketten zuerst in geschlagenem Ei, dann in Paniermehl wenden und in Öl und Butter (je zur Hälfte) halbschwimmend ausbacken.

Kutteln nach Mailänder Art

Der Koch dieses kleinen Ristorante in einem Außenquartier Mailands wollte sich nicht aufs Schreiben verlegen und erklärte sein feines Kuttelrezept lieber mündlich bei einem Glas Rotwein und einem Stück Parmesan.

In einem Schmortopf Butter und Olivenöl heiß werden lassen und darin die kleingeschnittenen Karotten, Zwiebeln, Knoblauchzehen und Sellerie gut dünsten. Die Kutteln und die Speckstreifen dazugeben und mit 2 Glas Weißwein ablöschen.
Den Wein etwas verdampfen lassen, nun 500 g passierte Pelati (Tomaten aus der Dose) und ein paar Löffel „fondo bruno" dazugeben und zwei Stunden im Backofen langsam garen. Ab und zu mit etwas Wasser verdünnen. Vor dem Anrichten mit Petersilie, Rosmarin und Pfeffer abschmecken.

Trippa alla milanese

4 Personen

800 g vorgekochte Kutteln in feine Streifen geschnitten, 3 Karotten, 1 Stangensellerie, 2 große Zwiebeln, 3 Knoblauchzehen, 5 Scheiben Speck aus dem Salz (nicht geräuchert) in feine Scheiben geschnitten, 50 g Butter, 50 g Olivenöl, 1 Dose Pelati (500 g), Pfeffer, „fondo bruno" (vgl. Grundrezept S. 152, evt. durch Fleischbrühe ersetzen)

ANTICA TRATTORIA „LA PRIMULA“ San Quirino (Pordenone)

Hühnerbrüstchen mit Nüssen

Ein festliches Essen braucht nicht immer teuer zu sein. Da sofort auf Teller angerichtet wird, eignet sich dieses Gericht besser für eine kleinere Tafelrunde.

Das Fleisch etwas plattschlagen, mit Salz und Pfeffer einreiben und in einem Gemisch aus Butter und Öl beidseitig anbraten. Mit dem Cognac flambieren. Dann in eine ausgebutterte feuerfeste Form geben, mit den Nüssen bestreuen und die Käsescheiben darüberlegen. Den beim Anbraten entstandenen Bratensaft darüberträufeln und 20 Minuten im Ofen bei mittlerer Hitze gratinieren.
Beim Anrichten auf die Teller mit halben Nußschalen und mit in Alkohol getränktem Würfelzucker dekorieren, den Zucker anzünden und noch flammend servieren.

Petti di pollo alle noci

6 Personen
6 Hühnerbrüstchen, 6 Scheiben Fontinakäse, 100 g Walnüsse (geschält und grobgehackt), 50 g Butter, 1/2 dl Olivenöl, Salz, Pfeffer, 1 Glas Cognac

RISTORANTE RANIERI Roma

Hähnchen nach Art von Massimiliano

Einfach und originell: Junge marinierte Hähnchen werden zuerst grilliert und anschließend mit Mandarinen-Cognac flambiert.

Die Hähnchen am Rücken aufschneiden und etwas auseinanderbrechen. In einer Marinade aus Öl, Zitronensaft, Salz und Pfeffer einige Stunden ziehen lassen. Dann werden sie grilliert. Am Schluß mit dem Cognac bespritzen, der sich entzünden sollte. Sofort, noch flammend, servieren.
Das Mandarinenaroma im Cognac erhält man wie folgt: In einen Liter Cognac gibt man Mandarinenschalen von 2 Früchten, und zwar nur den weißen Teil der Schale, und läßt sie darin 2 Monate ziehen. Der Cognac läßt sich so auch besser entzünden.

Pollo alla Massimiliano

Junge Hähnchen, Olivenöl, Zitronensaft, Salz, Pfeffer, Cognac mit Mandarinenaroma

ANTICA TRATTORIA AI „TRE VISI“ Vicenza

Galletto in crosta

4 Personen
600 g Weißmehl, 40 g frische Hefe, 1/2 TL Salz, Butter, Olivenöl, 1 EL Brandy, 1 Glas Marsala, Pilze, Rahm, 4 junge Hähnchen, 4 Scheiben Schinken, Petersilie, Salbei, Rosmarin, 1 Zwiebel (gehackt), 1 Knoblauchzehe (gehackt)

Hähnchen im Pizzateig

Eine ungewöhnliche Variante: Hähnchen mit Schinken und Pilzen im Teigmantel gebacken.

Die Hefe zerbröckeln und in 1 Tasse lauwarmem Wasser auflösen. 100 g Mehl dazugeben, gut mischen und 1/2 Stunde ruhen lassen. Das restliche Mehl auf den Tisch geben und mit dem Vorteig vermischen. Dabei nach und nach soviel lauwarmes Wasser dazugeben, bis ein fester und doch geschmeidiger Teig entsteht, der kräftig geknetet und ab und zu auf den Tisch geschlagen werden muß. Mit einem feuchten Tuch zugedeckt ca. 2 Stunden aufgehen lassen. Die Hähnchen gut putzen, Salbei und Rosmarin einfüllen und zusammenbinden. Salzen. In etwas Öl und Butter bei starker Hitze kräftig anbraten. Feuer zurückstellen. Mit einer Gabel kontrollieren, wann sie gar sind. Auf jedes Hähnchen eine Scheibe Schinken legen. In einer Bratpfanne in Butter und Öl Knoblauch und Zwiebel anbraten. Sobald sie gelb sind, herausnehmen und die Pilze im gleichen Öl dämpfen. Petersilie dazugeben und mit Brandy und Marsala ablöschen. Etwas einkochen lassen, dann den Rahm dazugießen und leicht köcheln lassen.
Den Teig teilen, damit jedes Hähnchen eingepackt werden kann. Jedes Teigstück mit den Händen in die gewünschte Größe ziehen und mit den Pilzen belegen. Das Hähnchen darauflegen, ein Stück Butter dazugeben und den Teig um das ganze Hähnchen schließen. Im vorgeheizten Ofen bei ca. 200° C backen. Mit einem Messer prüfen, wann der Teig durchgebacken ist. Schön warm servieren.

RISTORANTE DEL MORO Bergamo

Pollo in galantina

4 Personen
1 Huhn, 60 g gekochte, gesalzene Zunge; 100 g Schinken, 180 g mageres Kalbfleisch, 60 g Kalbsbrust, 60 g Schweinefilet, 60 g Trüffel, 100 g Hühnerbrüstchen, 50 g Speck, 10 g geschälte Pistazien, Salz, frischgeriebene Muskatnuß, 1/2 Glas Marsala, 1 Zitrone, einige Specktranchen (sehr dünne), einige Fleischstücke (z.B. 1 Schweinefuß, halbiert; 2 Kalbsfüße, halbiert), 1 Selleriestaude, 1 Karotte, 1 Zwiebel, einige Gewürznelken, Fleischbrühe, 1 Eiweiß

Huhn in Gelee

Ein Feinschmeckerrezept, mit farbenfrohen Salaten ein leichtes Nachtessen für einen warmen Sommerabend oder zusammen mit Gemüsen aus dem Essig oder Öl ein leckeres Gericht für ein kaltes Büffet.

Das Huhn gut putzen. Die Zunge, 60 g Schinken, 80 g Kalbfleisch, die Kalbsbrust, das Schweinefilet, 50 g Trüffel in mittelgroße Würfel schneiden und beiseitestellen. Separat 100 g Kalbfleisch, 100 g Hühnerbrüstchen, 50 g Speck und einen Trüffel sehr fein hacken (am besten durch den Fleischwolf drehen) und zu einer Paste kneten. Die Paste mit dem gewürfelten Fleisch und den Pistazien mischen. Salz, Muskatnuß und Marsala hinzufügen und noch einmal gut vermischen. Diese Masse ins Huhn einfüllen und die Öffnungen zunähen. Nun das Huhn mit Specktranchen umwickeln und mit einigen Zitronenscheiben belegen. Das Ganze in ein kleines Gazetuch einpacken und mit Faden wie eine Salami zusammenbinden.

Das Huhn in eine große Pfanne geben. Dazu kommen einige Specktranchen, der Rest Schinken, einige Fleischstücke, Schweine- und Kalbsfüße, Sellerie, Karotte, Zwiebel und Gewürznelken.
Mit soviel Fleischbrühe auffüllen, daß das Huhn davon bedeckt ist. Auf mittlerem Feuer 2 1/2 Stunden garen. Von Zeit zu Zeit abschäumen. Nach beendigter Kochzeit vom Feuer nehmen und noch in der Pfanne etwas auskühlen lassen. Das Huhn herausheben, den Sud noch einmal aufkochen und sieben. Ebenfalls die Flüssigkeit noch einmal aufkochen, mit dem Eiweiß entfetten und durch ein Gazetuch sieben. Danach erkalten lassen. So entsteht der Gelee, der zum mittlerweile ebenfalls erkalteten Huhn serviert wird. Selbstverständlich wird das Huhn vor dem Servieren ausgepackt, in Tranchen geschnitten oder ganz auf einer Platte angerichtet.

RISTORANTE DEL NORD Bergamo

Kalte Truthenne mit Gelee

Eine einfachere Variante als die vorhergehende: Geflügel mit Gelee.

Die Truthenne mit gehacktem Liebstöckel bestreuen, oben und unten mit den Schinken- oder Zungentranchen, auf beiden Seiten mit je einem Lorbeerblatt und je 2 Zitronenscheiben belegen. Die Truthenne nun sehr sorgfältig in ein Gazetuch einpacken und eng zubinden oder -nähen. Zusammen mit dem in Würfel geschnittenen Gemüse und dem Weißwein in eine große Pfanne mit Salzwasser geben. Die Kalbsfüße hinzufügen und alles zusammen 1 1/2–2 Stunden garkochen (auf mittlerem Feuer). Die Truthenne herausnehmen und im Tuch erkalten lassen. Den Sud durch ein Tuch filtern und etwas einkochen lassen. Während er erkaltet, immer wieder den Fettfilm oben abschöpfen. Die kalte Truthenne auspacken und auf grünen Salatblättern anrichten. Wenn der Sud erkaltet ist, wird er zu Gelee und kann als feine Beilage zum Fleisch serviert werden.

Tacchina alla storiona

4 Personen
1 junge Truthenne (ausgenommen), 4 Scheiben gekochter Schinken oder gekochte Zunge, 2 Lorbeerblätter, 4 Zitronenscheiben (ohne Schale), 1 Handvoll Liebstöckel (gehackt), 1 Zwiebel, Petersilie, 1 Selleriestaude, 1 Karotte, 1/2 l Weißwein, 4–5 Kalbsfüße (der Länge nach gespalten), Salz

ANTICA TRATTORIA AI „TRE VISI“ Vicenza

Truthenne mit Granatäpfeln

Der Truthahn, ein ursprünglich in Amerika lebender Wildvogel, wurde vor über 400 Jahren domestiziert und kommt auch in Italien als beliebtes Hausgeflügel, vorwiegend zwischen Oktober und Januar, auf den Tisch.

Den Boden einer großen, hohen Pfanne mit Olivenöl bedecken. Die Truthenne unter fließendem Wasser gut auswaschen, in Specktranchen einpacken, zusammenbinden und bei starker Hitze 15–20 Minuten anbraten. Den Weißwein dazugießen und verdunsten lassen. Salbei und Rosmarin dazugeben und das Feuer kleinstellen.

Tacchina al melograno

10 Personen
1 Truthenne, ca. 3 kg, 1 dl Olivenöl, Salz, Pfeffer, 1 dl Weißwein, 3 Salbeiblätter, 1 Rosmarinzweig, 2 Zwiebeln, 2 Karotten, 1 Selleriestaude, 100 g magere Specktranchen, 4 Granatäpfel, Innereien der Truthenne (geputzt und kleingeschnitten)

Das Gemüse putzen, fein schneiden und dazugeben. Mit Salz und Pfeffer würzen. Salbei und Rosmarinzweig herausnehmen.
Nach ca. 90 Minuten (Halbzeit) mit dem Saft von 3 Granatäpfeln übergießen. Mit einer Gabel prüfen, wann das Fleisch gar ist. Für die Sauce die Innereien mit etwas Öl, Pfeffer, Salz und dem Saft eines Granatapfels mischen und anbraten. Nach beendeter Kochzeit die Truthenne tranchieren, die Sauce abschmecken und darüber verteilen.
Als Wein empfiehlt das Tre Visi einen Primizia Veneta Cantina Maculan.

OSTERIA E BIRRERIA I 13 GOBBI Firenze

Sovrane di tacchino alla Rolando

4 Personen
600 g Truthahnbrüstchen, 200 g kleine Steinpilze oder frische Champignons, 1 TL Melisse, 1 Knoblauchzehe (in feinen Scheibchen), Öl, Butter, Weißmehl, 1 Glas trockener Weißwein, 3 dl Fleischbrühe, 3 EL flüssiger Rahm, 100 g Provolonekäse (grob gerieben), Salz, Pfeffer

Vortrefflicher Truthahn nach Rolandos Rezept

Fast besser eignen sich zu diesem Gericht Truthahnschnitzel, die man sich vom Metzger flachklopfen läßt. Sie lassen sich leichter aufrollen. Ein Gericht für die berufstätige Frau, das vorbereitet und erst in den vorgeheizten Backofen geschoben werden kann, wenn die Gäste klingeln.

Die Pilze der Länge nach in Scheiben schneiden und zusammen mit Knoblauch und Melisse ca. 10 Minuten im Öl andämpfen. Herausnehmen und warmstellen. Aus der Truthahnbrust 4 gleich dicke Scheiben schneiden. Jede mit Salz und Pfeffer bestreuen und mit den Pilzen belegen. Mit wenig Käse bestreuen, einrollen und mit einem Holzstäbchen fixieren. Die Röllchen im Mehl drehen und in Butter anbraten. Mit dem Wein ablöschen und kurz verdampfen lassen. In eine feuerfeste Form geben und im heißen Ofen ca. 40 Minuten backen. Ab und zu mit Fleischbrühe beträufeln. Den Fond zum Schluß mit dem Rahm verfeinern.
Als Beilage passen frische Erbsen mit Schinkenwürfel ausgezeichnet.

RISTORANTE DA GIGETTO Miane

Tacchinella alla montanara

6 Personen
1,2 kg Truthahnbrüstchen (ohne Haut), 1/2 l Rotwein (Merlot), 200 g Butter, 200 g Essigzwiebeln (abgetropft), 20 g Mehl, 150 g geräucherte Specktranchen, 200 g Karotten (gekocht und in Würfel geschnitten), 200 g Kastanien (gekocht und geschält), 1 Zwiebel (gehackt), Salz, Pfeffer

Truthahn nach Berglerart

Truthahnbrüstchen mit frischen Gemüsen und Kastanien in Rotwein geschmort.

Die Truthahnbrüstchen zusammen mit der gehackten Zwiebel in Butter anbraten. Mit Salz und Pfeffer würzen. Mit Mehl bestäuben und den Wein hinzufügen. Zusammen mit dem Speck die Karotten, die zerbröckelten Kastanien und die Essigzwiebelchen rösten. Nun alles zusammen in eine ausgebutterte feuerfeste Form geben und etwa 45 Minuten im Ofen schmoren. Das Fleisch ab und zu mit dem Bratenfond übergießen. Die Truthahnbrüstchen in Tranchen schneiden, auf Teller anrichten und über jede Portion einen Löffel Sauce mit Gemüse und Kastanien geben.

RISTORANTE VILLA ALTA Celle Ligure

Fagiano „Mio"

4 Personen
2 junge Zwergfasane, 150 g Butter, 100 g Bauchspeck in Scheiben, 8 Wacholderbeeren, Pfefferkörner, grobkörniges Salz, 2 Orangen, 80 g weiße Trüffel (Alba), 2 Gläser franz. Cognac, 3 Gläser Fleischbrühe, Salz, Pfeffer

Fasan nach Art des Hauses

Ein delikates Gericht für verwöhnteste Gaumen, das aber den Geldbeutel tüchtig strapaziert. Nur ganz junge Tiere eignen sich dazu. Da der Markt mit frischen Trüffeln in Alba zu weit weg ist, behilft man sich mit solchen aus der Büchse.

Die Trüffel in feine Scheibchen schneiden. Die Fasane innen mit Salz und Pfeffer einreiben, mit den Trüffeln und nußgroßen Butterstücken füllen, mit Speck umwickeln, den man mit dünnem Küchenfaden festbindet. In einer hohen Pfanne Butter erhitzen und die Fasane darin gut anbraten, Wachholderbeeren, Pfefferkörner, grobkörniges Salz dazugeben. Wenn die Fasane goldbraun sind, werden sie in eine große, feuerfeste Form gelegt. Mit dem Saft der Orangen beträufeln und auch etwas Orangenschale dazugeben. Mit der Fleischbrühe und dann mit Cognac übergießen und in den heißen Ofen schieben. Ab und zu mit der Sauce beträufeln und mit der Gabel prüfen, ob die Fasane gar sind. Ungefähre Bratdauer ca. 3/4 Stunde.
Bei einem gediegenen Essen werden in der Villa Alta nur die Fasanenbrüstchen serviert. Die Füllung und die durchpassierte Sauce werden separat dazu gereicht. Dazu paßt Reis.
Als Wein wird ein Barbaresco Gai empfohlen.

RISTORANTE DEL SOLE Ranco (Varese)

Petti di anitra all'uva passa con insalata di cavolo rosso

4 Personen
2 Enten à ca. 1 kg, 1/2 Rotkohl, 200 g Rosinen (ohne Kerne), 1,5 dl Weißweinessig, 1 Schalotte, 25 g Puderzucker, 100 g Butter, 50 g „fondo bruno" (vgl. dazu Rezept S. 152), 1 dl Weißwein, Erdnußöl, Salz, Pfeffer

Entenbrüstchen mit Rosinen und Rotkohlsalat

Dieses alte Rezept stammt aus der Zeit der Österreichisch-Ungarischen Monarchie. Neu daran ist der Rotkohlsalat. Er soll den etwas süßlichen Geschmack dieses Gerichts dämpfen.

Die Enten putzen und anschließend mit Salz und Pfeffer würzen. In Erdnußöl ca. 30 Minuten rundherum gleichmäßig anbraten. Entbeinen, die Brüstchen sorgfältig ablösen und gut zugedeckt warmstellen.
In einer separaten Pfanne den Essig mit der Schalotte und dem Puderzucker einkochen, bis er karamelisiert. Den „fondo bruno" dazugießen und in dieser Sauce die Entenknochen und -schenkel auf kleinem Feuer ca. 20 Minuten auskochen. Anschließend den Sud durch ein sehr feines Sieb streichen und die beigegebenen Zutaten gut ausdrücken, damit sie ihr Aroma an die Sauce abgeben. Die Rosinen kurz in Weißwein dünsten und abtropfen. Die Sauce mit der Butter mischen und aufkochen. Die Rosinen beifügen. Die Entenbrüstchen in je 4 Tranchen schneiden, auf den Tellern oder einer Platte anrichten und mit der kochenden Sauce übergießen. Rundherum mit dem in feine Streifchen geschnittenen, nur mit Öl beträufelten Rotkohlsalat garnieren.

Nudeln mit Ente

In Vicenza das traditionelle Essen am Rosenkranzfest, welches in der ersten Oktoberwoche gefeiert wird.

Nudelteig
Mehl auf den Tisch geben und in der Mitte eine Vertiefung anbringen. Die weiche Butter, die Eier und das Salz in die Mitte geben. Von Hand mischen und nach und nach die Milch dazuschütten, jedoch nur soviel, daß der Teig schön fest bleibt. Indem man den Teig auswellt und durch den „bigolario“ drückt, entsteht die typische Form der „bigoli“. („bigolario“ ist ein Gerät ähnlich einer Gitarre. Es sind Drähte über ein Holzbrett gespannt. Der Nudelteig wird darübergelegt und durchgedrückt. Die Nudeln können natürlich auch von Hand geschnitten werden.) Die Nudeln auf ein bemehltes Tuch ausbreiten und trocknen lassen.

Ente
Die Ente putzen. In Salzwasser zusammen mit Karotte, Zwiebel und Sellerie knapp weichkochen (ca. 2 Stunden). Aus dem Sud nehmen und warmstellen. Den Sud aufbewahren.

Sauce
Butter in 2 Eßlöffel Öl schmelzen, die gehackte Zwiebel und die Lorbeerblätter darin dämpfen. Die Innereien dazugeben. Sobald diese genug angebraten sind, die Lorbeerblätter herausnehmen. Ein gehäufter Eßlöffel Tomatenpüree in einem Glas Entensud auflösen und dazugießen. Mit Salz und Pfeffer würzen. Während 25 Minuten leicht köcheln lassen.
Nun den Entensud aufkochen und die Nudeln darin weichkochen. Abtropfen und auf einer heißen Platte anrichten. Die Sauce darübergießen und mit Reibkäse bestreuen.
Die Ente wird im „Tre Visi“ als zweiter Gang gereicht.
Dazu trinken die Gäste einen Merlot di Breganza.

Anm. d. Hrsg.: Das traditionelle Rezept für Bigoli con l’anatra schreibt vor, daß die Ente zerkleinert, mit der Sauce vermischt und als Entenklein über die Nudeln angerichtet wird. Dieses Hauptgericht ißt man zusammen mit Gemüsen aus dem Essig, Meerrettich und dem für die Gegend typischen Radicchio-Salat.

Bigoli con l’anatra

4 Personen
Nudelteig
500 g Weißmehl, 50 g Butter, 4 Eier, 1 dl Milch, Salz

Ente und Sauce
1,2 kg junge Ente, 30 g Butter, 50 g Reibkäse, 1 Zwiebel, 1 Karotte, 1 Stangensellerie (gewürfelt), 3 Lorbeerblätter, 50 g Tomatenpüree, 1 dl Olivenöl, Salz, Pfeffer, Innereien der Ente (gewaschen und feingeschnitten)

HOTEL VILLA CIPRIANI Asolo (Treviso)

Faraona in salsa peverada

Perlhuhn an Pfeffersauce

4–5 Personen
1 frisches Perlhuhn von 1,2 kg,
100 g Kalbsleber, 30 g Perlhuhn-Leber,
2 dl Fleischbrühe, 1 Sopressawurst,
300 g Rindermark, 50 g Pinienkerne,
50 g Kapern, 100 g Petersilie, 2 Knoblauchzehen, 2,5 dl Zitronensaft,
30 g grobgemahlener schwarzer Pfeffer,
1 Karotte, 1 Zwiebel, 1 Sellerieknolle,
1 Zweig Rosmarin, 3 Salbeiblätter,
50 g Butter, 1 1/2 dl Olivenöl extravergine,
2 dl Weißwein

Die „peverada", die traditionelle Pfeffersauce aus der Provinz Treviso, läßt sich bis zurück ins Mittelalter nachweisen. Sie wird zu Hasenpfeffer, gebratenem Huhn und zu Perlhuhn serviert.

Das Perlhuhn mit Rosmarin, Salbei, einem Schnitz Zitrone, Salz und Pfeffer einreiben. Während ca. 1 1/4 Stunden in einem Gemisch aus Öl und Butter langsam im Backofen schmoren lassen. Von Zeit zu Zeit mit Weißwein übergießen. Nach der halben Garzeit die kleingeschnittene Karotte, Zwiebel, Sellerie und eine Knoblauchzehe hinzufügen. Nach beendigter Bratzeit das Perlhuhn aus dem Brattopf nehmen und warmstellen. Die Fleischbrühe zum Fond gießen, aufkochen lassen und zusammen mit dem Gemüse durch ein Sieb streichen.
Unterdessen die Kalbs- und die Perlhuhnleber zusammen mit dem rohen Rindermark feinhacken, Pinienkerne, Kapern, den restlichen Pfeffer, Petersilie und Knoblauch (beides kleingehackt) in heißem Öl 10 Minuten dünsten und anschließend den Zitronensaft und den passierten Fond dazugeben. Kochen, bis die Sauce sämig ist.
Das Perlhuhn in acht Teile zerlegen und mit der Peveradasauce übergießen. Wenn möglich in einer Tonschüssel auf den Tisch bringen.

RISTORANTE SAN DOMENICO Imola

Faraona alle verze

Perlhuhn mit Wirsing

4 Personen
1 junges Perlhuhn von ca. 1,5 kg,
2 Wirsingköpfe, 100 g geräucherten, durchwachsenen Bauchspeck (in Streifchen geschnitten), 50 g Butter, 1 l Fleischbrühe, 5 Knoblauchzehen, 1 Glas Olivenöl extravergine, 1 Zweig frischer Rosmarin, Salz, Pfeffer (weiß)

Ein typisches Wintergericht, das jedoch viel Aufmerksamkeit erfordert. Perlhühner gehören zur Unterfamilie der Fasane und sollten wie diese nur rosa gebraten und fleißig begossen werden, da sie sonst leicht austrocknen.

Das geputzte, mit Salz und Pfeffer eingeriebene Perlhuhn in einen mit 50 g Butter und 2 Eßlöffel Olivenöl ausgefetteten Schmortopf legen und im Ofen während 1 Stunde braten. Das Perlhuhn während der Bratzeit ab und zu wenden und fleißig begießen, damit es nicht austrocknet.
Unterdessen in einer separaten Bratpfanne das restliche Öl heiß werden lassen, Rosmarin und Knoblauch darin rösten. Das Öl erkalten lassen und Rosmarin und Knoblauch herausheben.
Die Wirsingköpfe in grobe Streifen schneiden, waschen, zusammen mit dem so parfümierten Öl in die Pfanne geben, die Fleischbrühe und den geräucherten Speck beifügen und zugedeckt während 30 Minuten auf kleinem Feuer kochen lassen.
Wenn das Perlhuhn gar ist, das Fett abschöpfen und den Wirsing hinzufügen.
Das Gericht gut zugedeckt im Ofen noch 20 Minuten weitergaren. Sofort servieren.

ANTICA TRATTORIA AI „TRE VISI" Vicenza

Crespelle St. Michele

4 Personen
500 g Truthahn (geschnetzelt), 100 g Rohschinken, 1 Zwiebel, 1 Gläschen Madeira, 1 dl Rahm, 1 Büschel Petersilie, Salz, Pfeffer, 300 g Pilze (z.B. Champignons), 150 g Innereien (halb Kalbsleber, halb Kalbsnieren), 300 g Weißmehl, 4 Eier, 3 dl Milch, 1 1/2 dl Wasser, 100 g geriebener Parmesan, 100 g Butter

Gefüllte Omeletts St. Michele

Das Originalrezept verlangt einen ganzen Truthahn samt Innereien. Da es aber überall geschnetzeltes Truthahnfleisch zu kaufen gibt, habe ich das Rezept auf kleinere Mengen zugeschnitten und ganz leicht abgeändert. Die Innereien des Truthahns lassen sich sehr gut durch Kalbsleber und Kalbsnieren ersetzen. Zusammen mit einem gemischten Salat eine leckere Hauptmahlzeit, die gut vorbereitet werden kann.

Vorbereitung
Eier mit Salz, Wasser und Weißmehl mischen und schlagen, bis ein dickflüssiger Teig entsteht. Etwas ruhen lassen.

Zubereitung
In einer Bratpfanne von ca. 15 cm Durchmesser aus dem Teig dünne Omeletts backen. Dann in etwas Butter die Pilze, den Truthahn, die Innereien und die kleingeschnittene Zwiebel anbraten, mit Salz und Pfeffer würzen. Mit Madeira ablöschen und köcheln, bis die Sauce sämig wird. Vom Feuer nehmen und den Rahm beifügen.
Die Omeletts mit dieser Füllung belegen, einrollen und die Enden gerade schneiden. In eine feuerfeste, ausgebutterte Form nebeneinander legen, mit Parmesan überstreuen und mit Rohschinkenstreifen dekorieren. Etwas Butter darüber verteilen und im Ofen überbacken, bis sie goldbraun sind.

TRATTORIA MARINELLI Pieve di Soligo

Lepre alla Romolo

4 Personen
1 Hase, 100 g Speck (sehr fein gehackt), 1 Zwiebel (gehackt), 1/2 Glas Öl, 50 g Butter, 3 Karotten, 1 Selleriestange, 200 g Kalbsleber und die Hasenleber, 1 Handvoll Petersilie, Salz, Pfeffer, 2 l leicht angesäuerten Rotwein, 5–6 Zedernfrüchte, 2 Zitronen (Saft), 1 Gewürznelke, 1 Zimtstange

Hase nach Art von Romolo

Die Leber verleiht diesem Hasengericht einen außerordentlich kräftigen Geschmack.

Den Hasen in kleinere Stücke zerlegen. Öl, Butter, Speck und Zwiebel zusammen mit dem kleingeschnittenen Gemüse in einen Brattopf geben und gut durchdünsten. Kalbs- und Hasenleber sehr fein hacken und mit der feingeschnittenen Petersilie beifügen. Mit Salz und Pfeffer würzen. Nun die Hasenstücke, die Zedernfrüchte und in einem Gazesäcklein die Gewürznelke und die zerbröckelte Zimtstange in die Pfanne geben. Während des Schmorens nach und nach den Wein zugießen und unbedeckt weiterköcheln lassen. Nach ca. 45 Minuten den Zitronensaft hinzugießen, die Sauce etwas eindicken lassen und das Gericht, zusammen mit Polenta, auf den Tisch bringen.

ANTICA TRATTORIA AI „TRE VISI“ Vicenza

Kaninchen nach Patriarchenart

Ein solides Kaninchenrezept für Freunde guter Hausmannskost.

Coniglio del patriarca

4 Personen
1 junges Kaninchen, Salz, Pfeffer, 2 Salbeiblätter, 1 Rosmarinzweig, 2 Lorbeerblätter, 2 Karotten, 1 Sellerie, 2 Zwiebeln, 1/2 l Rotwein (Merlot), 8 Wacholderbeeren, 1 Büschel Petersilie, 2 Knoblauchzehen, 3 EL Weißmehl, 1 kleines Glas Cognac

Vorbereitung
Das Kaninchen in mittelgroße Stücke teilen. Mit dem geputzten und in Würfel geschnittenen Gemüse in einen Topf geben und mit Wein bedecken. Im Kühlschrank ca. 10 Stunden marinieren.

Zubereitung
In einer mittelgroßen Pfanne eine gehackte Zwiebel in Butter und Öl andämpfen. Die Kaninchenstücke mit Salz und Pfeffer einreiben, in Mehl wenden und in der gleichen Pfanne gut anbraten. Mit Cognac ablöschen und etwas einkochen lassen. Die Marinade und die Gemüse hinzufügen. Salbei, Rosmarin, Lorbeer und Wacholderbeeren in ein Gazesäcklein binden und dazugeben. Die Marinade auf mittlerem Feuer ziemlich stark einkochen lassen. Mit einer Gabel prüfen, wann das Kaninchen gar ist (ca. nach 45 Minuten). Dann die Fleischstücke in eine ausgebutterte feuerfeste Form geben. Die Sauce sieben und die Gemüse mit einer Holzkelle ebenfalls durch das Sieb drücken und über die Kaninchenstücke gießen. Mit Blätterteigschiffchen garnieren und Reis dazu servieren.

RISTORANTE ALIA Castrovillari (Cosenza)

Kaninchen mit Auberginen

„Cunigghiu cu li mirlingiane“ heißt dieses aparte Kaninchenragout im Dialekt. Kaninchenfleisch ist sehr zart, muß jedoch etwas pikant zubereitet werden.

Coniglio con le melanzane

4 Personen
1 Kaninchen (ausgenommen und in Ragoutstücke geschnitten), 2 Lorbeerblätter, 1 Glas Rotwein, 500 g Auberginen, 400 g Tomatensauce (vgl. Grundrezept S. 151), Olivenöl extravergine, Salz, Pfeffer

Die Tomatensauce zubereiten und beiseitestellen. Die Auberginen rüsten und in Streifchen schneiden. Salzen und 15 Minuten stehen lassen. Ausdrücken und beiseitestellen.
Das Kaninchen in Stücke schneiden, waschen und trockentupfen. Mit Salz und Pfeffer einreiben, in einen Brattopf geben und mit 4 Eßlöffel Öl und den Lorbeerblättern solange dünsten, bis das Wasser verdampft ist. Nun den Wein dazugießen. Nach 5 Minuten die Tomatensauce und die ausgedrückten Auberginenstreifen hinzufügen. Während 1/2 Stunde auf mittlerer Hitze schmoren, abschmecken und servieren.

MARTINI

Rehmedaillons an dunkler Sauce

Die Jagdbegeisterung der Italiener ist nicht zu bremsen. Zielen ist eines, treffen das andere. Und so sind jedes Jahr bei der Jagderöffnung auch mehrere Tote unter den Jägern zu beklagen. Wild hat auf jeden Fall seinen festen Platz auf dem italienischen Speisezettel.

Den Rehhals oder die Knochen in Öl und Butter gut anbraten. Die Gemüse in Würfel schneiden und zusammen mit den Kräutern dazugeben und kurz mitdämpfen. Mit wenig Mehl bestäuben und mit dem Essig ablöschen. Etwas verdampfen lassen, den Rotwein beifügen und die Fleischbrühe dazugießen. Mit den grobgehackten Pfefferkörnern nachwürzen. Die Medaillons sehr heiß in wenig Öl anbraten. Mit der vorbereiteten Sauce (die Knochen entfernen) ablöschen und den Rahm beifügen. Solange köcheln, bis die Sauce schön sämig wird.
Zusammen mit Polenta aus Buchweizen ein Festessen.

Medaglioni di capriolo con salsa scura

4 Personen

für das Fleisch
800 g Rehmedaillons von der Keule, 1 dl Rahm, schwarzer Pfeffer (feingemahlen)

für die Sauce
250 g Wildbret-Knochen oder 1 Rehhhals (die Knochen leicht angespalten, aber noch zusammenhaltend), 1 Karotte, 1 Zwiebel, 2 Selleriestauden, 1/2 dl Weinessig, 2 dl Fleischbrühe, 1 dl kräftiger Rotwein, Pfefferkörner (grob gehackt), Thymian, Lorbeer, Petersilie, Öl, Butter

OSTERIA ROMANA „CHECCO ER CARETTIERE“ Roma

Kartoffelpfanne

Pippo Porcelli, der Eigentümer dieser für Rom so typischen Osteria, steht selbst in der Küche. Dieses schlichte Kartoffelgericht gehört zu seinen Spezialitäten.

Die Kartoffeln garkochen, dann schälen und mit einer Gabel zerdrücken. In einer großen Pfanne die gehackte Zwiebel und die gehackte Pfefferschote im Öl ca. 10 Minuten dämpfen. Den Wein dazugießen und 5 Minuten kochen. Die gesalzenen Tomaten dazugeben und auf starkem Feuer weitere 15 Minuten garen. Die Pfanne vom Feuer nehmen und die Kartoffeln daruntermischen. Das Gericht kann warm oder kalt serviert werden.

Frittata di patate

6 Personen
1 dl kaltgepreßtes Olivenöl, 1 mittelgroße Zwiebel, 1/2 Pfefferschote, 800 g geschälte Tomaten, Salz nach Belieben,
1 kg Kartoffeln, 1 dl Rotwein

RISTORANTE „DON ALFONSO 1890“ S. Agata sui due Golfi

Karolien mit Rosinen und Pinienkernen

Karolien sind ein in Italien beliebtes Feldgemüse. Wenn sie nicht erhältlich sind, können sie gut durch Brüsseler Endivien ersetzt werden.

Die Karolien gut waschen und in Streifen schneiden. In kochendes Wasser geben und, sobald das Wasser wieder am Siedepunkt angelangt ist, sofort wieder herausnehmen. Abtropfen, sogar leicht ausdrücken, damit die Karolien kein Wasser mehr ziehen. In einer Pfanne den gehackten Knoblauch in Öl gelbrösten und die Karolien dazugeben, leicht salzen. Zugedeckt 20 Minuten leise köcheln lassen, dann die Rosinen, die man vorher in Wasser etwas eingeweicht hat, und die Pinienkerne daruntermischen und ohne Deckel nochmals 10 Minuten fertiggaren.

Scarola con passi e pinoli

4 Personen
1 kg Karolien oder Brüsseler Endivien,
1 dl Öl, Salz, 50 g Rosinen, 50 g Pinienkerne, 2 Knoblauchzehen

HOTEL UMBRA Assisi

Ein Auflauf aus Karden

Die distelartige Pflanze wird in Norditalien, Frankreich und Spanien kultiviert. Zusammengebunden und zugedeckt werden sie gebleicht und zart. Angeboten werden sie bei uns im November und Dezember.

Die Stangen von den stacheligen Rändern und den gröberen Fasern befreien. In etwa 8 cm lange Stücke schneiden und sofort ins gesalzene Zitronenwasser geben, da sie sich sonst verfärben. Darin halb garkochen (20–30 Minuten). Abtropfen lassen. Zuerst in Mehl und dann in geschlagenem Ei wenden. In siedendem Öl fritieren und anschließend gut abtropfen lassen.
Eine feuerfeste Form ausbuttern und schichtweise Karden, Hackfleischsauce und Parmesan einfüllen. Über jede Schicht einige Butterflöckchen und geriebene Zitronenschale verteilen.
Im heißen Ofen 15 Minuten backen und heiß servieren.

Parmigiana di gobbi (cardi)

4 Personen
1 kg Karden, 60 g geriebener Parmesan, 30 g Butter, 2 Eier, 1/2 l Hackfleischsauce (vgl. Grundrezept S. 136), Mehl, Öl, 2 Zitronen

RISTORANTE VILLA ALTA Celle Ligure

Gefüllter Lattich

Ein altes ligurisches Rezept, das im Dialekt „leitughe pinne“ genannt wird. In der Villa Alta eine beliebte Vorspeise, zusammen mit Bratkartoffeln aber auch ein herzhaftes Hauptgericht für den Alltag.

Lattich gut waschen, die äußeren Blätter und die Herzen entfernen. Auf ein Haushaltpapier legen und kühlstellen. Das Kalbfleisch in Stücke schneiden und in Butter anbraten. Hirn und Kalbsbries kurz überbrühen, unter das Fleisch mischen und kurz mitbraten. Alles zusammen durch den Fleischwolf drehen. Die eingelegten Pilze, Knoblauch, Petersilie, Majoran (feingeschnitten), ein paar Löffel geriebener Parmesan, etwas Muskatnuß und die Eier gut daruntermischen. Ein Eiweiß aufbewahren. Mit Salz abschmecken. Die Blätter der Lattichköpfchen etwas öffnen und 1 Löffel der Füllung in die Mitte geben. Dann die Blätter wieder gut verschließen, oben etwas zusammendrehen, damit die Füllung nicht auslaufen kann. In einer hohen Pfanne die Fleischbrühe zum Kochen bringen. Die Spitzen der Lattiche in Eiweiß tunken, damit sie gut verschlossen sind und sie dann ganz in die Brühe geben. Aufkochen lassen und auf sehr kleinem Feuer 20–25 Minuten garen. In Butter die Brotwürfel rösten und separat dazu servieren. Die Lattichrouladen zum Schluß mit etwas Parmesan überstreuen.

Lattughe ripiene

4 Personen
8 kleine, feste, zarte Lattiche, 1 1/2 l kräftige Fleischbrühe, 300 g mageres Kalbfleisch, 100 g Hirn, 100 g Kalbsbries, 20 g getrocknete Pilze, 1/2 Knoblauchzehe, 1 Büschel Petersilie, 1 Büschel Majoran, 4 Eier (davon ein Eiweiß trennen), geriebener Parmesan, Muskatnuß, Butter, Brotwürfel

RISTORANTE DA LINO BURIASSI Milano

Funghi porcini alla parmigiana

4 Personen

600 g Steinpilze, 100 g Parmesan am Stück, 1/2 Glas flüssiger Rahm, 2 Knoblauchzehen, Salz und Pfeffer,
4 EL Olivenöl, 40 g Butter, 1 Büschel Petersilie

Steinpilze mit Parmesan

Das klassische Pilzragout, zum Beispiel als Beilage zu gegrilltem Fleisch.

In einer Bratpfanne das Öl heiß werden lassen und den gehackten Knoblauch kurz dünsten. Die Pfanne vom Feuer nehmen, die in Scheiben geschnittenen Pilze dazugeben und mit Salz und Pfeffer würzen. Auf mittlerem Feuer unter ständigem Rühren 10 Minuten garen, wenn notwendig, etwas Fleischbrühe nachgießen. Kurz vor dem Anrichten den grob geriebenen Käse daruntermischen und schmelzen lassen, die Butter dazugeben und die Pfanne vom Feuer nehmen. Zum Schluß mit dem Rahm übergießen und sofort servieren.

TRATTORIA BUSSE Pontremoli

Funghi ripieni

4 Personen

8 junge, feste Steinpilze (mittelgroß),
1 Büschel Petersilie (gehackt), 1 gehackte Knoblauchzehe, 50 g geriebener Parmesan, 50 g Paniermehl, 1 Ei,
1 Messerspitze Pfeffer, Öl und Salz nach Belieben

Gefüllte überbackene Pilze

Als Beilage oder kleine Vorspeise. Die „funsi pién“, wie sie im Dialekt genannt werden, verraten die Liebe des Kochs fürs Detail.

Von den Pilzen die Stiele wegschneiden und im Deckel beim Stielansatz eine kleine Höhle herausschneiden. Die Deckel leicht salzen und beiseitestellen. Die Stiele und das Herausgeschnittene sehr fein hacken. Mit etwas Salz bestreuen und einen Moment ziehen lassen. Ausdrücken und mit den anderen Zutaten gut mischen, bis eine Paste entsteht. Die Pilzdeckel mit dieser Masse füllen. Die Füllung soll etwa 2 cm aus dem Deckel herausragen. In eine gut geölte feuerfeste Form geben. Den Ofen vorheizen und die Pilze bei mittlerer Hitze eine knappe Stunde backen.

Mit Hirn gefüllte Kohlrabi

Ein schmackhaftes Südtiroler Gericht, das den Geldbeutel nicht zu sehr strapaziert.

Die Kohlrabi schälen, halbieren und aushöhlen, in Salzwasser knapp weichkochen. Aufpassen, daß sie nicht zerfallen. Nun das Wasser abschütten und die Kohlrabi in eine ausgebutterte Auflaufform legen. Das Hirn 10 Minuten in Wasser kochen. Den Knoblauch und die Zwiebel feinschneiden, in etwas Butter dünsten, das gekochte, kleingeschnittene Hirn, Salz, Pfeffer und das feingehackte Gewürzsträußchen beigeben. Während des Kochens mit dem Schwingbesen tüchtig verklopfen. Vom Feuer nehmen, etwas Parmesan, die Eigelbe und die geschmolzene Butter daruntermischen. Mit 40 g Butter, Milch, dem restlichen Parmesan und dem Rahm eine Béchamelsauce zubereiten, um die Kohlrabi gießen und im Ofen bei 200° C während 20 Minuten überbacken.

Cavoli rape ripieni con cervella

6 Personen

6 Kohlrabi, 300 g Hirn, 100 g Butter, 100 g geriebener Parmesan, 1/8 l flüssiger Rahm, 1 Kräuterbüschel, 1 kleine Zwiebel, 4 Eigelb, 1 Knoblauchzehe, 2 l Wasser, Salz, Pfeffer

PARMIGIANO REGGIANO
PARMIGIANO REGGIANO

RISTORANTE MAMMA GINA Firenze

Pikante Tomaten-Käsesauce

Eine unkomplizierte Sauce, die ausgezeichnet zu Risotto und Teigwaren paßt.

Den Knoblauch fein hacken und im Öl anrösten. Sobald er etwas Farbe annimmt, das gewaschene und feingeschnittene Sardellenfilet, die in Würfel geschnittenen Tomaten, etwas Salz und die gehackte Pfefferschote dazugeben. 15 Minuten kochen lassen und am Schluß die kleingeschnittenen Basilikumblätter beifügen.
Teigwaren al dente kochen, abtropfen lassen und unter die Sauce mischen. Den Käse in ganz kleine Würfelchen schneiden und dazugeben. Mischen, bis der Käse zu schmelzen beginnt und sofort servieren.

Salsa alla Bufalina

4 Personen
100 g geschälte Tomaten, 1 Sardellenfilet, 150 g geräucherter Frischkäse, 1 Knoblauchzehe, 5 Basilikumblätter, 25 g Olivenöl extravergine, 1 Pfefferschote, wenig Salz

RISTORANTE MAMMA GINA Firenze

Feinschmeckersauce

Diese einfache Sauce aus Hühnerfleisch, Schinken und Peperoni begleitet Reis oder Teigwaren.

Die Hühnerbrüstchen in Butter anbraten, leicht salzen und pfeffern. Schinken, Peperoni und Fleisch in kleine Würfel schneiden. Zwiebel und Knoblauch sehr fein hacken und in etwas Butter und Öl goldgelb rösten. Dann die übrigen vorbereiteten, kleingeschnittenen Zutaten beifügen. Je nach Bedarf noch salzen und pfeffern. Tomatenpüree, gehackte Petersilie und Basilikum dazugeben und alles etwa 20 Minuten kochen lassen.
Variante mit Reis: Den Reis knapp al dente kochen, unter die Sauce mischen, noch ein paar Minuten weitergaren und dann sofort servieren.

Salsa del buongustaio

4 Personen
80–100 g Hühnerbrüstchen, 40–50 g gekochter Schinken, 60 g rote Peperoni, 1/4 Zwiebel, 1/4 Knoblauchzehe, Petersilie, Basilikum, Salz, Pfeffer nach Belieben, 1 EL Tomatenmark (ohne Kerne)

RISTORANTE MANUELINA Recco

Pesto alla genovese

4 Personen
36 frische Basilikumblätter,
1 großer EL sardischer Schafkäse (nicht zu pikant), 1 großer EL Parmesan (frischgerieben), 1 Handvoll Pinienkerne, Knoblauchzehe, 1 Prise Salz (grobkörnig), 1/2 Glas Olivenöl extravergine

Genoveser Pesto-Sauce

Die berühmte Begleitsauce zu Teigwaren, zu deren Zubereitung das Manuelina einen Marmormörser mit einem Buchsbaum-Stößel verwendet. Ein anderer Mörser tut's selbstverständlich auch!

Die Basilikumblätter vorsichtig waschen, abtupfen und in den Mörser geben. Dazu kommen die Pinienkerne (vorher im Ofen etwas geröstet), der Knoblauch und etwas Salz (es hilft, die grüne Farbe der Basilikumblätter zu erhalten). Mit dem Stößel die Zutaten gegen die Wände des Mörsers drücken, nicht einfach zerstampfen. Nach und nach die beiden Käsesorten dazugeben. Weiter zerstoßen, bis eine geschmeidige, grüne Masse entsteht. In eine Schüssel geben und nach und nach das Olivenöl dazugießen. Mit einem Holzlöffel ständig rühren, bis die Masse schön cremig wird.
Wird die Sauce zu Teigwaren serviert, noch einen Eßlöffel des Kochsudes daruntermischen. Reicht man sie zur Minestrone, vom Suppensud einen Löffel dazugeben und kurz vor dem Anrichten die ganze Pestomasse unter die Suppe mischen.

Achtung
Für eine echte Genoveser Paste verarbeitet man blühendes Basilikum (wenn es „ins Kraut schießt"). Weil der sardische Schafkäse oft recht pikant ist und nicht alle Sorten gleich gut sind, ist es schwierig, die genaue Menge anzugeben.

RISTORANTE VILLA ALTA Celle Ligure

Salsa ragù

4 Personen
1 Karotte, 1 Selleriestaude, 1 Zwiebel, 1/2 kg mageres Kalbfleisch (grobgehackt), 1,5 dl Öl, 250 g geschälte Tomaten, 1/2 l Milch, 1/8 l Rahm, 100 g Butter, Salz und Pfeffer, 50 g Tomatenpüree

Fleischsauce zu Teigwaren

Stolz der emilianischen, ja der italienischen Küche überhaupt, ist die Salsa ragù, die mit vielerlei Fleischsorten zubereitet werden kann. Die Sauce paßt besonders gut zu selbsthergestellten Nudeln, Tortellini, Ravioli, Lasagne und natürlich auch zu Spaghetti oder Makkaroni. Es lohnt sich übrigens, eine größere Portion davon herzustellen, da sie ausgezeichnet tiefgefroren werden kann.

Den Boden einer hohen Pfanne mit Öl bedecken und die fein gehackte Karotte, Sellerie und Zwiebel darin andämpfen. Das Fleisch dazugeben, nach Belieben mit Salz und Pfeffer würzen. Das restliche Öl dazugießen und in der zugedeckten Pfanne auf kleinem Feuer garen. Von Zeit zu Zeit umrühren, damit das Fleisch nicht am Boden anbrennt. Nach 3/4 Stunde die geschälten Tomaten und das Tomatenpüree dazugeben und zugedeckt während 1/4 Stunde weitergaren. Dann die Milch dazugießen und weitere 2 Stunden zugedeckt köcheln lassen. Zuletzt Rahm und Butter daruntermischen und noch einmal 15 Minuten leicht köcheln lassen.

Giocos Kalbsfond

Gioco, Meisterkoch und Mitbesitzer des 12 Apostoli, verrät das Rezept für seinen exquisiten Grundfond, mit dem er schnell gebratenes Fleisch wie Filet, Kalbsplätzchen oder gegrillte Hühnchen, aber auch andere Gerichte verfeinert. Sogar mit Fisch verträgt sich diese feine Sauce. Dieses Rezept ist natürlich nicht auf den Privathaushalt zugeschnitten, bietet aber lukullisches Lesevergnügen und läßt sich natürlich auch mit kleineren Mengen zubereiten. Auch zum Tiefkühlen geeignet. (Für ein einfacheres Rezept vgl. Grundrezept S. 152).

Eine große Kasserolle mit frischen Speckschwarten auslegen, 800 g Karotten und den Lauch, beides kleingeschnitten, darüber verteilen. Die zerkleinerten Kalbsknochen und das Kalbfleisch im Ofen anbraten, bis sie schön braun sind und auf dem Gemüse in der Kasserolle verteilen. Nun gut mit dem Deckel verschließen und während 20 Minuten auf nicht zu großer Hitze garen lassen. Mit 1 Liter Weißwein ablöschen, das Feuer kleinstellen und weiterdämpfen, bis eine gelatineähnliche Flüssigkeit entsteht. Nun mit 6 l guter Fleischbrühe auffüllen und 3 weitere Liter trockenen Weißwein dazugießen. Auf kleinem Feuer 5 Stunden kochen lassen. Den Fonds durch ein feines Sieb passieren und um ein Drittel einkochen lassen.
Nun Zwiebeln, 500 g Karotten, Sellerie, Petersilie, Thymian und Lorbeerblätter grob zerkleinern und zusammen mit dem kleingeschnittenen Schinken in einem Gemisch aus Butter und Öl gut dünsten. Mit Madeira und Cognac ablöschen, weitergaren bis alles schön weich ist. Diese Sauce durch ein Sieb streichen und zur separat gekochten Fleischbrühe geben.

La marmitta di Gioco

1,3 kg Karotten, 600 g Lauch, 6 kg Kalbsknochen, 6 kg Kalbfleisch, 300 g Speckschwarten, 4 l Weißwein, 6 l frische Fleischbrühe, 500 g Zwiebeln, 2 Sellerieknollen, 3 Büschel Petersilie, 1 Thymian, 6 Lorbeerblätter, 100 g Butter, 1 dl Olivenöl extravergine, 1 Glas Madeira, 1 Glas Cognac, 300 g Schinken

RISTORANTE SOLFERINO Lucca

Seebarschsauce zu Risotto

Der Ingwer verleiht dieser Fischsauce die aparte Note.

Knoblauch und Ingwer fein hacken und in Öl anbraten. Mit Weißwein ablöschen. Vom Feuer nehmen und die Tomaten dazugeben. Würzen und etwa 1/2 Stunde weiterköcheln. Den Fisch in mittelgroße Stücke schneiden und daruntermischen, nochmals heiß werden lassen und zu Risotto servieren.

Salsa per risotto al branzino

4 Personen
2 Knoblauchzehen, 50 g Öl, 2 kleine Ingwer, 1 Glas Weißwein, Salz, Pfeffer, Majoran, Kerbel, 300 g geschälte Tomaten, 1 Seebarsch (ca. 500 g) geputzt, gekocht und entgrätet

RISTORANTE „SANS SOUCI" Roma

Schneetorte

Ein einfach zuzubereitender, festlicher Nachtisch, der seinen Namen dem steifgeschlagenen Eierschnee verdankt.

Die Löffelbiskuits mit dem Rum beträufeln und in eine feuerfeste Form schichten. Mit der vorbereiteten und abgekühlten Vanillecreme übergießen und das Ganze mit der Hälfte der Himbeeren (es können auch Erdbeeren verwendet werden) bedecken. Nun die Eiweiße sehr steif zu Schnee schlagen, mit dem Zucker vermischen und über die Beeren verteilen. Die Torte in den vorgeheizten Backofen schieben und bei mittlerer Hitze so lange backen, bis das Eiweiß goldfarben ist. Die abgekühlte Torte vor dem Servieren mit den übriggebliebenen Beeren garnieren.

Torta di lamponi alla neve

4 Personen
300 g Löffelbiskuits, 1 Gläschen Rum, 500 g Vanillecreme, 500 g Himbeeren (oder Erdbeeren), 3 Eiweiß, 140 g Zucker

TRATTORIA RICCIOTTO Perugia

Süße Liebe

Der Name verrät es: Für Kalorienbewußte ist dieser raffinierte und hocharomatische Nachtisch nicht geeignet. Das Resultat begeistert trotz seiner Üppigkeit.

Die Rosinen in Rum einlegen und ziehen lassen. Die Eigelbe mit dem Zucker kräftig schlagen. Butter und Schokolade schmelzen und dazugeben. Die Amaretti-Biskuits fein zerbröckeln und zusammen mit den Rosinen und dem Rum unter die Creme mischen. Eine Auflaufform mit den in Marsala getränkten Löffelbiskuits auslegen, die Creme darübergießen und während 2 Stunden kühlstellen, damit die Creme stichfest wird.
In der Form auf den Tisch bringen.

Dolce amore

4 Personen
3 Eier, 150 g Zucker, 150 g Butter, 100 g Schokolade, 100 g Amaretti-Biskuits, 1 Gläschen Rum, 1 Gläschen Marsala, 25 g Löffelbiskuits, 1 Handvoll Rosinen

RISTORANTE ORESTE Modena

La coppa Oreste

4 Personen
2 Eier, 150 g sehr frischer Mascarpone (evtl. Doppelrahm), 4 EL Zucker, 4 Amaretti-Biskuits, 2 EL Rum

Coupe Oreste

Ein praktisches Schnelldessert, bei dem nichts schiefgehen kann.

Die Eier mit dem Zucker kräftig schlagen. Den Mascarpone daruntermischen und rühren, bis die Masse schön cremig und nicht zu dünn ist. Vier Champagnerschalen zur Hälfte mit der Creme füllen, darauf ein Biskuit (in Rum getränkt) legen und den Rest der Creme darüber verteilen. Mit einer Kirsche garnieren und mindestens eine Stunde kaltstellen.

LOCANDA DELL'AMOROSA Sinalunga (Siena)

Sorbetto di limone

4 Personen
1/2 l Wasser, 250 g Zucker, 3 Zitronen (ungespritzte)

Zitronensorbet

Erfrischend und einfach in der Zubereitung, sofern man eine Eis- oder Sorbetmaschine besitzt.

Die geriebene Zitronenschale (nur das Gelbe abreiben), den ausgepreßten Zitronensaft, Wasser und Zucker in einen Glaskrug geben und ca. 3 Stunden ziehen lassen. Von Zeit zu Zeit rühren, bis der Zucker ganz aufgelöst ist. Die Flüssigkeit sieben und in der elektrischen Eismaschine einfrieren.

LA MAISON DE FILIPPO Courmayeur

Gelato maison

4–6 Personen
3/4 l Milch, 200 g Zucker, 6 Eigelb, 1 Vanillestengel, 20 g Bitterschokolade (dunkle Haushaltsschokolade), 1 Töpfchen Honig

Hausgemachtes Vanille-Eis mit Honig

Voraussetzung für diesen aparten Eisnachtisch ist eine Sorbet- oder Eismaschine.

Den Vanillestengel aufschneiden und in die kalte Milch einlegen. Die Eigelbe mit dem Zucker schlagen, bis die Masse eine hellere Farbe bekommt. In einer Pfanne auf kleines Feuer stellen und nach und nach die kalte Milch dazugießen. Den Vanillestengel vorher entfernen. Ständig rühren. Sobald die Creme am Kochlöffel kleben bleibt, sofort vom Feuer nehmen. Die Creme durch ein sehr feines Sieb in eine Schüssel gießen und erkalten lassen. Ab und zu rühren und dann in einer Sorbet- oder Eismaschine einfrieren. Die Schokolade in etwas warmer Milch schmelzen und beim Servieren zusammen mit dem leicht erwärmten Honig über das Eis gießen.

RISTORANTE VILLA ALTA Celle Ligure

Roseneis

Ein Hauch von Luxus umgibt dieses exquisite, mit Rosenblättern zubereitete Eis, das auch den verwöhntesten Feinschmecker überraschen wird. Voraussetzung dazu ist jedoch ein Sorbetgerät und – aus Kostengründen – ein eigener Rosengarten!

550 g Streuzucker in 1 l Wasser aufgelöst, während 8 Minuten kochen. Die Rosenblätter mit diesem Sirup übergießen und erkalten lassen. Nun den Saft von 3 Zitronen hinzufügen, die ganze Flüssigkeit durch ein Sieb streichen und anschließend in die Eismaschine (im Privathaushalt in ein Sorbetgerät) geben. Nach halber Gefrierzeit ein steifgeschlagenes, mit 50 g Streuzucker vermischtes Eiweiß und sofort anschließend den steifgeschlagenen Rahm sorgfältig darunterziehen und fertig gefrieren lassen. Dieses raffinierte Eis kann ohne Zutaten oder auch zusammen mit frischen Himbeeren serviert werden.

Gelato di rose

6–8 Personen
500 g Rosenblätter (der Küchenchef dieses Luxusrestaurants, Primo Ferrari, empfiehlt dazu die Rosensorte Bengala), 1 l Wasser, 600 g Streuzucker, 1 Eiweiß, Saft von 3 Zitronen, 200 g geschlagene Sahne

TRATTORIA MARINELLI Pieve di Soligo

Mandelkrokant

Einfach in der Zubereitung, köstlich und originell als Beilage zum Kaffee.

Die Mandeln grob mahlen. In einer kupfernen oder gußeisernen Pfanne den Zucker in der Butter bräunen (karamellisieren). Die Mandeln dazugeben und ständig rühren, bis sie goldbraun sind. Den Krokant in eine ausgebutterte Puddingform verteilen und mit einer Zitronenscheibe andrücken. Erkalten lassen und dann mit einem kräftigen Schlag auf ein Holzbrettchen stürzen.

Dolce croccante

200 g Mandeln (mit der Haut), 100 g Zucker, 1 EL Butter, 1 Zitrone

LOCANDA IL BIONDO Sassetta (Livorno)

Kastaniencreme nach Annas Rezept

Zu einem Schnelldessert wird dieses Dolce-Rezept, wenn man tiefgekühlte, bereits pürierte Kastanienmasse verwendet, die nur noch mit Rum und Vanillezucker vermischt werden muß.

Die kreuzweise eingeschnittenen Kastanien in sehr leicht gesalzenem Wasser eine Stunde weichkochen. Schälen und pürieren. Den Zucker im Wasser auflösen und zusammen mit den Kastanien 20 Minuten weiterkochen. Danach den Rum und den Vanillezucker daruntermischen. Kalt in Coupegläser servieren.

Pasta di marroni dell'Anna

4 Personen
500 g Kastanien, 270 g Zucker, 1 Glas Wasser, 1 Glas Rum, 1 TL Vanillezucker

RISTORANTE GUARESCHI Roncole Verdi

Zabaione freddo Guareschi

4 Personen
1 Tasse Schlagrahm, 7 Eigelb, 3/4 Tasse Zucker oder Puderzucker, 3/4 Tasse trockener Marsala, 1/4 Tasse Grand Marnier-Likör, 1/2 TL Pulverkaffee oder fein gemahlener Espressokaffee, 14 Amaretti-Biskuits

Kalte Eierschaumcreme nach Guareschi

Ein hocharomatisches, recht üppiges „dolce". Die angegebenen Portionen fallen eher klein aus, genügen aber vollkommen.

4 Dessertgläser oder -schalen zum Vorkühlen in den Kühlschrank stellen. Einige Bikuits zum Dekorieren beiseitelegen, die restlichen mit dem Wellholz oder im Mixer zerkrümeln. Den Rahm steifschlagen und beiseitestellen. Im Wasserbad die Eigelbe, den Zucker und 1 Eßlöffel Marsala mit dem Schwingbesen schaumig rühren. Darauf achten, daß das Eigelb nicht an der Schüsselwand klebt und eindickt. Das Wasser unter der Schüssel sollte nie zum Kochen kommen. Wenn die Masse zu schäumen beginnt und sich das Volumen beträchtlich vergrößert, den restlichen Marsala, den Grand Marnier und das Kaffeepulver beifügen. Ständig weiterrühren. Sobald die Masse schön cremig ist, aus dem Wasserbad heben und die Schüssel in einen größeren Topf mit Eiswürfeln stellen. Weiter schlagen, bis die Creme Raumtemperatur erreicht hat. Dann den steifgeschlagenen Rahm darunterziehen. Schichtweise Creme und Amarettibrösel in die vorgekühlten Dessertgläser füllen. Kaltstellen. Kurz vor dem Servieren mit den zurückbehaltenen Amarettis dekorieren.

RISTORANTE MANUELINA Recco

Latte dolce fritto

4 Personen
150 g Mehl, 6 Eier, 100 g Zucker, 1 l Milch, 1 Zitrone, Öl, Paniermehl, Puderzucker

„Süße gebratene Milch"

Eine ligurische Spezialität, die auch bei Kindern große Begeisterung auslöst. Ein Pudding wird nach dem Erkalten in große Würfel geschnitten, die man in Eiweiß und Paniermehl wälzt und in Öl ausbäckt.

4 ganze Eier und 2 Eigelb zusammen mit dem Zucker zu einer glatten Masse verarbeiten. Milch, gesiebtes Mehl und die geriebene Schale der Zitrone dazugeben und unter ständigem Rühren während 3/4 Stunde kochen. Sobald die Masse an der Pfanne zu kleben beginnt, auf ein leicht gefettetes Blech gießen. Es soll eine ca. 3 cm dicke Schicht entstehen. Auskühlen lassen und die Masse in Würfel von ca. 5 cm Seitenlänge schneiden. Die 2 restlichen Eiweiße nicht zu steif schlagen (das Eiweiß soll haften). Die Würfel zuerst im Eiweiß und anschließend im Paniermehl wenden und in heißem Öl ausbacken. Auf Haushaltspapier legen, damit das überflüssige Öl aufgesaugt wird und dann auf einer Platte anrichten. Vor dem Servieren mit Puderzucker überstäuben.

Coppa al mascarpone

4 Personen
Früchte je nach Saison, 200 g Mascarpone (erhältlich in italienischen Feinkostgeschäften), 2 Glas Marsala, Zucker je nach Früchten

Fruchtsalat mit Mascarpone

Immer auf dem Speisezettel des 12 Apostoli zu finden ist ein köstlicher Fruchtsalat, allerdings immer wieder in abgewandelter Form. Einmal mit Zitronen oder mit Pfefferminzblättern und Gin angereichert, ein anderes Mal mit einer kalten Zabaione serviert, im Sommer aus frischen Beeren komponiert oder mit hausgemachtem Vanilleeis, mit gekochten Mandeln und Erdbeerblättern dekoriert.

Die Früchte in Scheiben schneiden, in eine weite Schüssel schichten und jede Schicht mit Zucker bestreuen. Mit dem Marsala begießen. Im Kühlschrank mindestens 2 Stunden kühlstellen. Vor dem Anrichten den Mascarpone mit dem Schwingbesen tüchtig schlagen, 1 Eßlöffel Zucker beigeben. Wenn die Masse schön locker ist, Marsala nach Belieben hinzufügen, um eine leichte zarte Creme zu erhalten. Die Früchte aus dem Marsala heben, in kelchförmige Gläser anrichten und kurz vor dem Servieren die Mascarpone-Creme darübergeben, ohne diese mit den Früchten zu mischen.

RISTORANTE LA PIGNA Capri

Auberginen an Schokoladensauce

Die Kombination dieses uralten Rezepts überrascht zuerst, schmeckt aber außerordentlich gut.

Die Auberginen in Scheiben schneiden und kurz frittieren. Auf einer flachen Schale auslegen, mit der geschmolzenen Schokolade übergießen und mit Puderzucker überstäuben. Sofort heiß servieren.

Melanzane al cioccolato

4 Personen
1–2 Auberginen, 100 g Schokolade (dunkle), Puderzucker

RISTORANTE 12 APOSTOLI Verona

Feigen mit Zitronen

Nirgends habe ich in Italien mit so großem Vergnügen „dolci" gegessen wie im 12 Apostoli. Auf den Tisch kommt, was der Markt gerade frisch anbietet. Serviert werden die „dolci" meistens in großen weißen Schüsseln, die ausgesprochen an Blumenkelche erinnern.

Die Feigen werden geschält, halbiert und in ein weites Gefäß geschichtet. Jede Schicht mit Zucker bestreuen und mit Zitronensaft beträufeln. Das gefüllte Gefäß mindestens 2 Stunden in Raumtemperatur stehen lassen, damit der Zucker zusammen mit dem Zitronensaft eine köstliche Sauce bilden kann. Vor dem Servieren kühlstellen.

Fichi al limone

Reife frische Feigen, Zucker, Zitronensaft

RISTORANTE SOLFERINO San Macario in Piano (Lucca)

Pfannkuchen mit frischen Feigen gefüllt

Feine, mit Honig bestrichene Eierpfannkuchen mit einer delikaten Füllung aus frischen Feigen, im Ofen kurz überbacken.

Das Mehl zusammen mit den Eigelben, einer Prise Salz und der Milch zu einem glatten Teig verarbeiten. Eine Viertelstunde ruhen lassen, dann gut mit dem steifgeschlagenen Eiweiß vermischen. In einer Bratpfanne wenig Butter zergehen lassen und aus dem Teig feine Pfannkuchen backen.
Unterdessen in einem separaten Pfännchen die geschälten Feigen zusammen mit dem Zucker und einem kleinen Glas Calvados auf kleinem Feuer während 15 Minuten leise kochen lassen.
Nun die gebackenen Pfannkuchen mit Honig bestreichen und das Feigenkompott darüber verteilen. Die Pfannkuchen zu Dreiecken falten, nebeneinander in eine gut bebutterte Auflaufform legen und im vorgeheizten Ofen bei mittlerer Hitze während 10 Minuten überbacken. Heiß servieren.

Crepes con fichi

4 Personen
für die Eierpfannkuchen
4 ganze Eier, 100 g Mehl, 50 g Zucker, 1 kleine Prise Salz, 1 dl Milch, 20 g Butter

für die Füllung
8 reife, geschälte Feigen, 50 g Zucker, 50 g Honig, 1 Gläschen Calvados

RISTORANTE 12 APOSTOLI Verona

Datteri fritti nel mele

4 Personen
32 frische Datteln, 250 g Honig,
200 g Mandeln, 30 g Walnußkerne,
1 Gläschen Likör, 1 EL Zimt

Datteln in Honig gebacken

Ein sehr süßes und originelles Gericht, mit dem man an kalten Winterabenden Freunde überrascht. Frische Datteln sind auch bei uns erhältlich.

Die Mandeln kleinhacken und in einer Pfanne nur wenig rösten. Den Boden einer kleinen Tortenplatte damit bestreuen, mit Zimt bestäuben und mit dem Likör befeuchten (im 12 Apostoli verwendet man dazu einen Benediktinerschnaps und etwas Cognac).
In einer kleinen Pfanne den Honig erwärmen und bis zum Siedepunkt bringen. Nun die fleischigen Datteln (immer nur wenige auf einmal) in den Honig geben und während einigen Minuten ziehen lassen. Mit einer Löcherkelle sorgfältig herausheben und auf der Mandelunterlage anrichten. Zum Schluß mit Nußkernen verzieren und heiß servieren.

ANTICA TRATTORIA AI „TRE VISI“ Vicenza

Focaccia la putana

6 Personen
750 g Äpfel, 250 g Zucker, 1 Zitrone,
1 Orange, 100 g Sultaninen, 1 l Milch,
1 Toastbrot, 150 g Maisgrieß, 2 Eigelb,
1/8 l Rum, 30 g Butter, Vanillezucker
nach Belieben, 100 g Feigen,
50 g Weißmehl

Süße Maistorte

Ein reichhaltiger süßer Dessertauflauf auf der Basis von Mais und trockenen und frischen Früchten. Großen Erfolg erntet man damit auch bei Kindern, in diesem Fall muß aber die Alkoholmenge reduziert oder weggelassen werden.

Die geschälten Äpfel in Schnitze schneiden, in eine Schüssel geben und mit etwas Zucker bestreuen. Orange und Zitrone auspressen und je die Hälfte des Saftes über die Äpfel träufeln, diese gut mischen. Mit dem ausgepreßten Fleisch der Zitrusfrüchte bedecken und ca. 2 Stunden ziehen lassen. Im restlichen Zitronen- und Orangensaft die Sultaninen, die kleingeschnittenen Feigen und die Pinienkerne einlegen.
Das in Scheiben geschnittene Toastbrot mit der warmen Milch übergießen. Separat in leichtem Salzwasser aus dem Maisgrieß eine Polenta kochen (vgl. Rezept S. 90).
Nun die Polenta und die eingelegten Zutaten zusammen mit 200 g Zucker, den Eigelben, dem Vanillezucker und dem Rum mischen. Eine feuerfeste Form ausbuttern und mit Mehl bestäuben. Das Brot mit einer Gabel zerdrücken und den Boden der Form damit bedecken. Zuerst die Äpfel, dann die Polentamasse darüber schichten und Butterstückchen darauf verteilen. Im Ofen bei 180° C ca. 40 Minuten backen. Mit Puderzucker bestäuben und heiß servieren.
Die Torte schmeckt auch ausgezeichnet, wenn sie abgekühlt erst am nächsten Tag serviert wird.
Zu diesem „dolce“ empfiehlt das Tre Visi einen Torcolato di Breganza oder einen Vino Santo di Gambellara.

RISTORANTE LA PIGNA Capri

Mandeltorte

Dieses köstliche Dolce-Rezept wurde von der damaligen Inhaberin des La Pigna speziell für die Englische Königin kreiert, die 1920 Capri besuchte. Die Zubereitung bedarf jedoch großer Sorgfalt, damit der Erfolg nicht ausbleibt.

Mandeln und Schokolade fein hacken. Zucker goldgelb schmelzen, in eine Schüssel geben. Die Butter in kleine Stückchen schneiden und unter stetem Rühren zum Zucker geben, bis eine cremige Masse entsteht. Auskühlen lassen. Die Eigelbe dazugeben und während 5 Minuten tüchtig rühren. Nun die Mandeln und die Schokolade beifügen und weitere 5 Minuten rühren.
In einer separaten Schüssel die Eiweiße steif schlagen und dann sorgfältig unter die vorbereitete Creme ziehen.
Eine Springform von ca. 26 cm Durchmesser ausbuttern. Aus einem Stück Ölpapier (oder Alufolie) einen runden Boden ausschneiden, der genau in die Springform paßt. Auch das Papier mit einem Pinsel einfetten. Die Creme in die Form einfüllen und bei mittlerer Hitze im Ofen während ca. 30 Minuten backen. Auskühlen lassen. Nach etwa 5 Stunden das Ölpapier sorgfältig wegziehen und die Torte mit Puderzucker überstäuben.

Torta di mandorla

6 Personen
350 g Mandeln, 280 g Butter,
170 g Zucker, 7 Eier, 280 g Schokolade von guter Qualität, Puderzucker

RISTORANTE SAVINI Milano

Apfeltorte nach Mailänder Art

Ein ausgezeichnetes, nicht zu schwieriges Backrezept mit Tradition.

100 g Zucker, 60 g geschmolzene Butter, die geschälten, in Stücke geschnittenen Äpfel, den Weißwein, die Sultaninen und das Zitronat auf kleinem Feuer ca. eine Stunde köcheln lassen. Die Masse sollte dickflüssig und von brauner Farbe sein. Den Cognac und die Aprikosenkonfitüre daruntermischen und erkalten lassen.
Aus 120 g Zucker, 240 g Butter und 360 g Mehl einen Mürbeteig herstellen. 2/3 des Teiges ausrollen und eine ausgebutterte Springform von ca. 24–26 cm Durchmesser damit auslegen, mit der Apfelmasse füllen und mit dem restlichen Teig gut zudecken. Den Deckel mit einer Gabel einstechen. Die Torte nun im Ofen während ca. 1 1/4 Stunden bei mittlerer Hitze backen. Nach Erkalten mit Puderzucker überstäuben.

Charlotte alla milanese

6 Personen
1,5 kg Renetten, 220 g Zucker,
100 g Sultaninen, 100 g Zitronat,
1 Gläschen Cognac, 5 dl Weißwein,
300 g Butter, 360 g Mehl,
2 EL Aprikosenkonfitüre

RISTORANTE SAN MARZIANO CAVALLINO Tortona

Crostata di ricotta

4 Personen
100 g Zucker, 80 g Butter, 120 g Mehl, 20 g gehackte Pinienkerne, 2 Eigelb, 1 dl Rahm, 20 g Sultaninen, 1 Zitrone (Saft und Schale)

Überbackene Quarktorte

Eine leckere und unkomplizierte Nachspeise, die auch Anfängern keine Mühe bereiten sollte.

Aus 40 g Zucker, 80 g Butter und 120 g Mehl einen Mürbeteig herstellen. Mit 3/4 der Teigmasse einen runden Boden formen und in eine bebutterte und mit Mehl ausgestäubte Springform (etwa 14 cm Durchmesser) legen. 40 g Zucker mit den übrigen Zutaten in einer Schüssel gut vermischen und auf dem Teigboden verteilen. Etwas Eigelb zum Bestreichen zurückbehalten. Den Rest des Teiges zu einem Rechteck ausrollen und in Streifen schneiden. Diese in einem Gittermuster über die Quarkmasse legen. Mit Eigelb bestreichen und mit 20 g Zucker bestreuen. Im Ofen bei mittlerer Hitze ca. 1/2 Stunde backen.

RISTORANTE LA FRASCA Castrocaro Terme

Torta di ricotta con crema di mascarpone

6 Personen
Torte
250 g Ricotta (evt. Rahmquark), 80 g Zucker, 80 g grob geriebene Mandeln, 1 Eiweiß, 2 Eigelb, Vanillepulver und Bittermandelaroma nach Belieben

Creme
300 g Mascarpone (evtl. Doppelrahm), 2 dl Schlagrahm, 6 EL Zucker, 2 dl Kaffeelikör

Ricottatorte mit Mascarponecreme

Eine delikate Quarktorte mit viel Italianità.

Die geriebenen Mandeln mit einem Eiweiß, Bittermandelaroma und Vanillepulver vermengen und unter den Ricotta mischen. Tüchtig mit dem Schwingbesen rühren. Zucker und Eigelbe dazugeben und noch einmal gut rühren. Eine kleine feuerfeste Backform ausbuttern und die Masse darin 30 Minuten backen. Auskühlen lassen. Für die Creme die Sahne zu einer festen Masse schlagen, Zucker beifügen und den Mascarpone darunterziehen. Nach und nach den Kaffeelikör dazugießen, bis eine glatte Creme entsteht. Die Tortenstücke mit dieser Creme überziehen und sofort servieren.

Panettone Genueser Art

Ein Hefegebäck mit Rosinen, Pinienkernen und Pistazien. Die Genueser Variante ist flacher, sehr viel fester und schwerer als der lockere Mailänder Panettone.

Das Mehl mit Hefe und Wasser mischen. Geschmolzene Butter, Zucker, Eigelbe, geriebene Zitronenschale, Zimt und Vanillepulver dazugeben und gut mischen. Dann die Rosinen, Pinienkerne, Orangeat und Zitronat beifügen und noch einmal gut darunterkneten. Runde Bälle formen, auf ein eingefettetes Blech legen und leicht flachdrücken. Sofort in den vorgeheizten Ofen schieben und bei 180° C backen. Unterhitze etwas weniger stark einstellen, da es sich um einen recht schweren Hefeteig handelt, der schnell dunkel wird.

Pandolce genovese

Zutaten für 2 kg
700 g Mehl, 20 g Hefe, 5 Eigelb, 200 g Zucker, 275 g Butter, 125 g Wasser, 550 g Rosinen, 100 g Pinienkerne, 200 g Zitronat und Orangeat, geriebene Zitronenschale, etwas Zimt und Vanillepulver, 1 Prise Salz

Grundrezepte der Herausgeberin

Pastateig

4 Personen
400 g Mehl, 4 Eier, 1/2 TL Salz, 1–2 EL Olivenöl extravergine

Das gesiebte Mehl auf ein Backbrett häufen, in der Mitte eine Vertiefung anbringen. Die Eier aufschlagen, zusammen mit dem Salz und dem Öl in die Mulde geben und mit den Fingerspitzen von außen nach innen die Zutaten gut mischen. Den Teig kneten, bis er schön glatt ist. Zu einem Klumpen formen, diesen in ein feuchtes Küchentuch wickeln und 1/2 Stunde ruhen lassen.
Nun den Teig durch die Nudelmaschine geben oder von Hand wie folgt weiterverarbeiten: Auf wenig Mehl mit dem Nudelholz möglichst fein ausrollen und in die gewünschten Formen schneiden.
Für Nudeln rollt man die Teigfläche sorgfältig ein. Diese Teigrolle schneidet man in die gewünschte Nudelbreite (am besten etwa 1 cm breit), zupft die Nudeln locker auseinander und läßt sie auf einem Brett antrocknen.
Man kann den ausgerollten Teig auch mit dem Teigrädchen in breite Streifen schneiden und erhält dann die „pappardelle“. Oder man schneidet Rechtecke von ca. 8 x 12 cm und es entstehen die berühmten „lasagne“.

Tomatensauce

Sugo

30 g Butter, 1 Knoblauchzehe, 1 kleine Zwiebel, 1 Büschel Petersilie, 500 g Pelati (Tomaten aus der Büchse), Kräuter je nach Saison

Zwiebel, Knoblauch und Petersilie fein hacken und in heißer Butter rösten, bis Zwiebel und Knoblauch goldgelb sind. Die Pelati hinzufügen und auf kleinem Feuer 30 Minuten köcheln lassen. Tüchtig schlagen, bis die Sauce schön fein ist. Mit Salz und Pfeffer abschmecken und während der letzten 5 Minuten ein Gewürzkraut nach Wahl (z.B. Basilikum, Majoran, Liebstöckel) mitkochen.

Die getrockneten ialienischen Kräutermischungen sind wohl praktisch in der Verwendung, bewirken jedoch, daß jede Tomatensauce genau den gleichen Geschmack hat.

Salsa béchamella

50 g Butter, 50 g Mehl (ca. 2 EL), 1/2 l Milch, Salz, weißer Pfeffer, Thymian, Muskatnuß

Béchamelsauce

Die Butter schmelzen, das Mehl hinzugeben und mit dem Schwingbesen kräftig rühren, bis die Blasen verschwunden sind. Nun unter stetem Rühren nach und nach die Milch dazugießen. Wenn die Sauce schön glatt ist, nochmals aufkochen, mit Salz, weißem Pfeffer, einer Spur Thymian und einer Prise Muskatnuß abschmecken. Wenn nötig, durch ein feines Haarsieb passieren.

Fumetto di pesce

1 kg Fischreste (Fischgräte und Abfälle, z.B. von Seezungen, Steinbutt, Zander und Hecht), 30 g Butter, 50 g Lauch, 50 g Sellerie, 50 g Champignons, 50 g Karotten, 1 Büschel Petersilie, weiße Pfefferkörner, 1/2 l Wasser, 1/2 l trockener Weißwein, Salz

Fischfond

Die Basis einer erstklassigen Fischsauce bildet meist ein Fischfond. Dieses Konzentrat läßt sich gut in größeren Mengen zubereiten und portionenweise (z.B. in Joghurtbechern) tiefgefrieren.

Das in feine Streifchen geschnittene Gemüse in Butter kurz andämpfen, mit dem Wasser und dem Wein ablöschen. Fischreste und Pfefferkörner hinzufügen und während 20 bis höchstens 30 Minuten auf kleinem Feuer ziehen lassen. Nicht umrühren, damit der Fond klar bleibt. Nach beendigter Garzeit den Fond durch ein feines Sieb streichen. Den durchgeseihten Fond kräftig einkochen und portionenweise zu Fischsaucen weiterverarbeiten.

Fondo bruno

Zutaten für 5 dl
1 kg frische Kalbsknochen (Haxen), 100 g Zwiebeln, 100 g Karotten, 150 g Tomaten, 1 EL Tomatenpüree, 1 Kräuterbüschel (bestehend aus Petersilie, Thymian, Sellerieblättern und 1 Lorbeerblatt), 2 Knoblauchzehen, 3 l kaltes Wasser

Fleischfond

Kein Meisterkoch kann auf dieses wichtige Element der gepflegten italienischen Küche verzichten. Frische Kalbsknochen werden zusammen mit Kräutern und Tomaten zu einem kräftigen Kalbsjus verarbeitet, der zum Verfeinern von delikaten Soßen und Gerichten verwendet wird.

Karotten und Zwiebeln in kleine Stückchen schneiden. Die Kalbsknochen auf einem Backblech verteilen und im Backofen bei 250° C anbräunen lassen. Nun die Zwiebeln und Karotten sowie die Knoblauchzehen darüber verteilen und weitere 30 Minuten schmoren. Mit Hilfe einer Bratschaufel vom Blech nehmen und alles in einen Kochtopf schichten.

Die frischen Tomaten, das Tomatenpüree, die Kräuter und etwas Salz beifügen, 3 Liter Wasser darübergießen und das Ganze zum Sieden bringen. Abschäumen und das Fett abschöpfen. Die Hitze kleiner stellen und das Gericht während 6 Stunden sachte köcheln lassen. Ab und zu die Fettschicht entfernen und achtgeben, daß die Flüssigkeit stets die Knochen bedeckt, sonst etwas Wasser hinzufügen. Zum Schluß die Flüssigkeit auf 5 dl einkochen lassen, durch ein Sieb streichen.

Fleischbrühe

Fleisch, Markknochen und Ochsenschwanz unter fließendem Wasser gut waschen.
Die Zwiebel halbieren, auf jede Schnittfläche ein Lorbeerblatt mit einer Nelke feststecken.
Alle Zutaten in einen tiefen Suppentopf geben und langsam aufkochen. Würzen.
Sobald sich Schaum bildet, diesen mit einer Schaumkelle abschöpfen, damit die Brühe klar bleibt. Nun auf kleinem Feuer während 2 Stunden köcheln lassen.

Ich gebe der Fleischbrühe gleich zu Beginn der Kochzeit 1–2 Bouillonwürfel bei. Sie wird so kräftiger. Die Fleischbrühe wird in der italienischen Küche weiterverarbeitet zu Suppengerichten, sie verfeinert Risotti, Gemüse und Saucen.

Brodo

800 g Rindfleisch zum Sieden, 1 Zwiebel, 2 Lorbeerblätter, 2 Nelken, 1 Lauchstange, 2 Karotten, 1 Sellerieknolle, 1/2 kleiner Wirsing, 1 Büschel Petersilie, Salz, schwarzer Pfeffer, 2 Markknochen, 1 Stück Ochsenschwanz, 2 l Wasser

Vorbereitung von Muscheln

Die Muscheln sollten möglichst noch am Einkaufstag verarbeitet werden. Pro Person rechnet man für ein Hauptgericht 1 Kilogramm, als Vorspeise knapp die Hälfte.
Die Muscheln vor dem Waschen aussortieren. Nur die geschlossenen werden weiter verwendet, die geöffneten sind höchstwahrscheinlich abgestorben und müssen weggeworfen werden.
Die Muscheln in reichlich Wasser einlegen und einzeln unter fließendem Wasser kräftig abbürsten. Mit einem Messer den Bart entfernen.
In eine tiefe Pfanne 1–2 dl Weißwein und eine Knoblauchzehe geben, die Muscheln hinzufügen und auf kräftigem Feuer unter Dampf öffnen lassen. Diejenigen, die geschlossen geblieben sind, wegwerfen, die geöffneten Muscheln je nach Rezept weiterverarbeiten.

Abbildungsverzeichnis

Fotos: Dr. Peter Meyer
einfarbige Abbildungen: Bildarchiv pm Edition

Ristorante „12 Apostoli“ in Verona	Titel
Weinberge bei Montepulciano	25
Moderne Trocknungsanlage für Parmaschinken in Langhirano	29
So lagert der berühmte Parmesan bis zur Reife	32
Südtiroler Weinberge mit Burg Tirol bei Meran	41
Monterosso an der ligurischen Küste	44
Auslage eines Delikatessengeschäftes	48
Siesta der Gondolieri	51
In der Galleria Vittorio Emmanuele in Mailand	55
Veroneser Restaurants warten auf den großen Ansturm. Blick von den Mauern der Arena	59
Marktschiff in Venedig	63
Das malerische „Seeräubernest“ Vernazza in den Cinque Terre/Ligurien	67
Im Ristorante Guareschi in Roncole Verdi	71
Ob die Gäste auf der Insel Torcello wohl warten müssen, bis der Fisch angebissen hat?	99
Aussicht von der Piazzale Michelangelo auf Florenz	103
Delikatessengeschäft in Parma	107
Mittagsstimmung in einem italienischen Fischerstädtchen	111
Ein typisches italienisches Straßenrestaurant	114
Fischerboot im Abendlicht	119
Landschaft Monte Oliveto/Toskana	123
Beliebter Treffpunkt in Venedig – das berühmte „Florian“ auf dem Markusplatz	126
Dreschplatz in Apulien/Süditalien	130
Schinken, Salami und Parmesan, gastronomische Spitzenprodukte Italiens	134
„Zweisamkeiten in Venedig“	138
Einer der fruchtbaren Murkegel des Vinschgaus mit den berühmten Obstplantagen	143

Restaurant-Verzeichnis

Ristorante Locanda dell'Angelo
Viale XXV Aprile
I-19031 AMEGLIA (La Spezia)

Gamberi e carciofi – Krebse und Artischocken
Tagliolini con asparagi – Nudeln mit Spargeln

Hotel Villa Cipriani
Via Canova 298
I-31011 ASOLO (Treviso)

Tortelloni vegetariani al radicchio di Treviso – Vegetarische Tortelloni mit Zichorie aus Treviso
Baccalà in tecia con polentina bianca – Stockfisch in der Tonform mit weißer Polenta
Faraona in salsa peverada – Perlhuhn an Pfeffersauce

Hotel Umbra
Piazza del Comune
I-06081 ASSISI

Friccò
Parmigiana di gobbi (cardi) – Ein Auflauf aus Karden

Ristorante La Maiana
I-10051 AVIGLIANA (Torino)

Agnolotti della casa – Teigtäschchen nach Art des Hauses
Finanziera – Innereien nach Turiner Art

Ristorante La Pignata
Via Melo 9
I-70100 BARI

Tortiera alla Barese – Bareser Eintopf
Capretto alla casalingha – Ziegenlamm nach Hausfrauenart

Ristorante del Moro
Largo Porta Nuova 6
I-24100 BERGAMO

Polli in Galantina – Huhn in Gelee
Tacchina alla storiona – Kalte Truthenne mit Gelee

Ristorante Dante
Via Belvedere 2/b
I-40121 BOLOGNA

Risotto „Mille e una notte" – Risotto „Tausendundeine Nacht"
Rognoncino di vitello sauté ai funghi – Kalbsnieren mit Pilzen

Rosteria Luciano
Via Nazario Sauro 19
I-40121 BOLOGNA

Armonia dell'Appenino – Ravioli als „Harmonie des Appenins"

Ristorante Romeo
Via Provinciale
I-84040 BOSCO (Salerno)

Panzerotti con patate e trito di carne – Riesenravioli mit einer zarten Füllung aus Kalbfleisch und Kartoffeln
Tagliatelle con cicoria o spinaci in salsa pomodoro – Grüne Nudeln an Tomatensauce

Osteria dai Pescatori Via Baldassarre Galuppi 371 I-30012 BURANO (Venezia)	Sarde in saor – Sardinen süß-sauer Seppie in tecia – Tintenfische im Töpfchen
Ristorante la Pigna Via lo Palazzo I-80073 CAPRI	Melanzane al cioccolato – Auberginen an Schokoladensauce Torta di mandorla – Mandeltorte
Hotel Ristorante Cursula Viale Cavour 3 I-06043 CASCIA (Pg)	Bruschetta di Cascia al tartufo nero – Geröstete Brotscheiben mit schwarzen Trüffeln Spaghetti alla maniera di Cascia – Spaghetti nach Art von Cascia Papparelle di Cascia – Bandnudeln nach Art von Cascia Cascianella Agnello tartufato – Lammkeule parfümiert mit Trüffeln
Ristorante La Frasca Via Matteotti 4 I-47011 CASTROCARO TERME (Forli)	Insalata di animelle e funghi all'aceto balsamico – Salat aus Kalbsbries und Pilzen an Balsamessig Torta di Ricotta con crema di Mascarpone – Ricottatorte mit Mascarponecreme
Ristorante Alia Via Roma 116 I-87012 CASTROVILLARI (Cosenza)	Coniglio con le melanzane – Kaninchen mit Auberginen
Ristorante „Villa Alta" Via Aurelia 1a I-17015 CELLE LIGURE	Spaghetti all'Aragosta – Spaghetti mit Langusten Il nostro Branzino al cartoccio – Barsch im Tütchen nach Art des Hauses Fagiano „Mio" – Fasan nach Art des Hauses Lattughe ripiene – Gefüllter Lattich Salsa ragú – Fleischsauce zu Teigwaren Gelato di Rose – Roseneis
Ristorante „Al Ben Vegnù" I-31040 CESSALTO (Treviso)	Riso alle fragole – Erdbeer-Reis
La Maison de Filippo I-11013 ENTRÈVES-COURMAYEUR	Fonduta Valdostana – Käsefondue Zuppa alla Valdostana – Suppe nach Art des Aostatals Carbonada – Rindfleisch in Wein geschmort Gelato maison – Hausgemachtes Vanille-Eis mit Honig
Ristorante da Silvio Locanda Masetto 2 I-38010 FAEDO SAN MICHELE ALL'ADIGE (TN)	Strangolapreti (gnocchi verdi) – Spinatklößchen Gnocchetti „Marc Chagall" – Klößchen „Marc Chagall" Medaglioni di capriolo con salsa scura – Rehmedaillons an dunkler Sauce
Ristorante Regis S. Antonio Via Palocca 7 I-12045 FASSANO	Bagna Caôda
Osteria e Birreria i 13 Gobbi Via del Porcellana 9r I-50100 FIRENZE	Rigatoni all'Empolese – Rigatoni nach Empoleser Art Lombatina di vitello alla nostra moda – Kalbslendchen mit grünem Spargel Sovrane di tacchino alla Rolando – Vortrefflicher Truthahn nach Rolando's Rezept

Ristorante Mamma Gina Borgo San Jacopo 37 I-50125 FIRENZE	Salsa del buongustaio – Feinschmeckersauce Salsa alla Bufalina – Pikante Tomaten-Käsesauce
Ristorante Italo Via Vitruvio 25 I-04023 FORMIA	Spaghetti al cartoccio – Spaghetti in der Tüte Spigola o Orata al forno con funghi champignon e olive – Seebarsch oder Goldbrasse im Ofen geschmort, mit Champignons und Oliven Stracotto alla Formiana – Schmorbraten nach Formia-Art
Ristorante San Domenico Via Gaspare Sacchi 1 I-40026 IMOLA	Insalata con prosciutto dolce di Langhirano – Salat mit Langhirano-Schinken Riso mantecato – Mantecato-Reis Sogliola al vino bianco – Seezunge in Weißwein Faraona alle verze – Perlhuhn mit Wirsing
Ristorante Nannina Viale Matteotti 58 I-18100 IMPERIA	Cannelloni Nannina – Omeletts nach Art von Nannina Sciancui al pesto – Ligurische Teigwaren mit Pesto-Sauce Mormora al sale – Marmorbrasse im Salz
Albergo Ristorante „Belvedere“ I-12064 LA MORRA (Cuneo)	Coconi in insalata – Salat aus frischen Pfifferlingen
Ristorante Enoteca „Cà Peo“ Strada Panoramica I-16040 LEIVI (Genova)	Tomaxelle – Gefüllte Kalbfleischrouladen nach Genueser Art
Ristorante Filippino Piazza Municipio I-98055 LIPARI (Messina)	Insalata di mare eoliana – Äolischer Meerfrüchtesalat Risotto nero con seppie – Schwarzer Risotto mit Tintenfischen Involtini di pesce spada – Grillierte Schwertfisch-Rouladen
Buca di San Antonio Via della Cervia 4 I-55100 LUCCA	Zuppa di magro alla frantoniana – Gemüsesuppe nach altem Rezept Agnello spezzato con olive nere - Lammragout mit schwarzen Oliven
Ristorante Solferino S. Macario in Piano I-55100 LUCCA	Le perle di Giampiero – Giampiero's Perlen Tortelli della Nonna – Teigtäschchen nach Großmutterart Salsa per risotto al branzino – Seebarschsauce zu Risotto Crêpes con fichi – Pfannkuchen mit frischen Feigen gefüllt
Hotel Ristorante „Il Griso“ Via Provinciale 51 I-22040 MALGRATE-LECCO	Sfogliate di asparagi – Spargel zwischen Blätterteigböden
Ristorante Andrea Via Galilei 16 I-39012 MERAN	Insalata di animella di vitella, gamberetti di fiume e punte d'asparagi – Salat aus Kalbsbries, Flußkrebsen und Spargelspitzen Cervello di vitella Timball – Kalbshirn Timball Cavoli rape ripieni con cervella – Mit Hirn gefüllte Kohlrabi
Hotel Villa Mozart Via San Marco 26 I-39012 MERAN	Zuppa di trote – Forellencremesuppe

Ristorante „Da Gigetto" Via A. De Gasperi 4 I-31050 MIANE (Treviso)	Tacchinella alla montanara – Truthahn nach Berglerart
Ristorante Alfio Via Senato 31 I-20121 MILANO	Crêpes alla fiorentina – Florentiner Omeletts Crostini alla fiorentina – Florentiner Toast Spaghetti alla pescatora – Spaghetti nach Fischerinnenart Risotto con frutti di mare – Risotto mit Meerfrüchten
Ristorante Giannino Via A. Sciesa 8 I-20135 MILANO	Risotto alla Birra – Risotto mit Bier Orata al piatto – Goldbrasse mit Meerfrüchten
Ristorante all'Isola Corso Como 10 I-20100 MILANO	Trippa alla milanese – Kutteln nach Mailänder Art
Ristorante da Lino Buriassi Via Lecco 15 I-20124 MILANO	Funghi porcini alla parmigiana – Steinpilze mit Parmesan
Trattoria della Pesa Viale Pasubio 10 I-20154 MILANO	Risotto alla Milanese – Mailänder Risotto Mondeghili – Gebackene Fleischklößchen
Ristorante „Al Porto" Piazza G. Cantore I-20100 MILANO	Cozze gratinate – Gratinierte Miesmuscheln
Ristorante Savini Galleria Vittorio Emanuele 1 I-20100 MILANO	Ossobuco alla Milanese – Kalbshaxen nach Mailänder Art Costolette alla Milanese – Koteletts nach Mailänder Art Costata di manzo alla Savini – Roastbeef nach Savini-Art Charlotte alla Milanese – Apfeltorte nach Mailänder Art
Ristorante Fini Rua Frati 54, Casella postale 590 I-41100 MODENA	Maltagliati con fagioli – Teigwaren mit weißen Bohnen Pasticcio di tortellini – Tortellini-Pastete
Ristorante „Oreste" Piazza Roma I-41100 MODENA	La coppa „Oreste" – Coupe „Oreste"
Trattoria „Ricciotto" Piazza Dante 19 I-06100 PERUGIA	Calzoni di Ricotta – Fritierte Teigtäschchen mit Ricottafüllung Dolce amore – „Süße Liebe"
Ristorante Lo Scudiero Via Baldassini 2 I-61100 PESARO	Ravioli ai filetti di sogliola – Ravioli mit Seezungenfilets Coniglio alla casareccia – Kaninchen nach Hausfrauenart

Trattoria Marinelli Via Brandolini 24 I-31053 PIEVE DI SOLIGO	Lepre alla Romolo – Hase nach Art von Romolo Dolce croccante – Mandelkrokant
Antica Trattoria „La Mora“ Via Sesto di Moriano 104 I-55029 PONTE A MORIANO	Garmugia Lucchese – Frühlingssuppe L’Infarinata – Maisgericht mit weißen Bohnen
Trattoria Bussè Piazza Duomo I-54027 PONTREMOLI (Massa Carrara)	Lasagne di farina di castagno – Lasagne aus Kastanienmehl Funghi ripieni – Gefüllte überbackene Pilze
Ristorante Emilia Locanda Collina di Portonovo I-19025 PORTONOVO (Ancona)	Risotto alla marinara – Risotto nach Matrosenart Brodetto – Fischsuppe nach Elia’s Rezept Stoccafisso all’Anconetana – Stockfisch nach Art von Ancona
Ristorante Sole Piazza Venezia 3 I-21020 RANCO (Varese)	Zuppa di zucca – Kürbissuppe Sandra Brasata – Geschmorter Zander Petti di anitra all’uva passa con insalata di cavolo rosso – Entenbrüstchen mit Rosinen und Rotkohlsalat
Ristorante Manuelina Via Roma 278 I-16036 RECCO (Genova)	Cappon magro – Fastenkapaun Pansotti con salsa di noci – Riesentortellini mit Nuß-Sauce Torta Pasqualina – Ostertorte Focaccia col formaggio – Ligurischer Käsefladen Triglie alla rivieresca – Rote Meerbarben nach Riviera Art Pesto alla Genovese – Genueser Pesto-Sauce Latte dolce fritto – „Süße gebratene Milch“
Osteria Romana „Checco er carettiere“ Via Benedetta 10 I-00100 ROMA	Spaghetti alla Carettiera – Fuhrmanns Spaghetti Coda alla vaccinara – Ochsenschwanzragout Frittata di patate – Kartoffelpfanne
Ristorante George’s Via Marche 7 I-00100 ROMA	Rigatoni George’s – Rigatoni nach Art von George’s Trote al vino rosso – Forellen in Rotwein geschmort
Ristorante Ranieri Via Mario de Fiori 26 I-00100 ROMA	Pollo alla Massimiliano – Hähnchen nach Art von Massimiliano
Ristorante „Sans Souci“ Via Sivilia 20 I-00100 ROMA	Torta di lamponi alla neve – Himbeertorte mit Eiweiß-Schnee
Ristorante Guareschi I-43010 RONCOLE VERDI (Parma)	Cannelloni alla Rigoletto – Gefüllte Teigrollen Rigoletto Zabaione freddo Guareschi – Kalte Eierschaumcreme nach Guareschi
Ristorante Casale I-11100 SAINT CRISTOPHE (Valle d’Aosta)	Minestra con ortiche – Brennesselsuppe Minestra di castagne – Kastaniensuppe

Antica Trattoria „La Primula" Via San Rocco 47 I-33080 SAN QUIRINO (Pordenone)	Petti di pollo alle noci – Hühnerbrüstchen mit Nüssen
Ristorante „Don Alfonso 1890" Piazza Sant'Agata I-80064 SANT'AGATA SUI DUE GOLFI (Napoli)	Scarola con passi e pinoli – Karolien mit Rosinen und Pinienkernen
Trattoria aö Mörtà I-17040 SANTA GIUSTINA (Savona)	Sbira – Kuttelsuppe mit Kichererbsen Mandilli – Hausgemachte „Nudelflecken" Pandolce Genovese – Panettone Genueser Art
Locanda „Il Biondo" Via Castagneto I-57010 SASSETTA (Livorno)	Ribollita Zuppa Toscana – Gemüsesuppe nach Toscanerart Cinghiale alla Biondo – Wildschwein nach Art des Hauses Pasta di marroni dell'Anna – Kastaniencreme nach Anna's Rezept
Locanda dell'Amoroso Località Fattoria Amorosa I-53048 SINALUNGA (Siena)	Crostini neri – Schwarze Crostini (Toasts) Zuppa ribollita o minestra di pane – Aufgekochte Suppe oder Brotsuppe Sorbetto di limone – Zitronensorbet
Ristorante Emiliano Corso Italia I-28049 STRESA	Tortelloni „Romano Felisi" – Gefüllte Teigtäschchen „Romano Felisi" Trancio di trota rosa del lago alla „Bella Stresa" – Rosarote Seeforellen „Bella Stresa"
Ristorante Ostu Bacu Calle Vercelli 226 I-10155 TORINO	Lumache fritte – Schnecken in Öl gebacken
Ristorante Cavallino San Marziano Corso Romita 83 I-15057 TORTONA (Alessandria)	Crostata di Ricotta – Überbackene Quarktorte
Ristorante Chiesa Via San Marco I-38100 TRENTO	Polenta – Maisbrei Risotto con le mele – Apfelrisotto Culetto di manzo stufato – In Rotwein geschmorte Rindskeule
Ristorante Antico Martini San Marco I-30100 VENEZIA	Filetti di San Pietro alla Betty – St. Petersfilets nach Betty's Rezept
Ristorante dell'Hotel Cipriani Giudecca 10 I-30100 VENEZIA	Sfogi in saor – Süßsaure Seezungen Scampi alla Carlina – Scampi nach Carlina-Art
Ristorante 12 Apostoli Corticella San Marco 3 I-37100 VERONA	Costoletta „12 Apostoli" – Kalbskotelett „12 Apostoli" La marmitta di Gioco – Gioco's Kalbsfond Datteri fritte nel mele – Datteln in Honig gebacken Coppa al mascarpone – Fruchtsalat mit Mascarpone Fichi al limone – Feigen mit Zitronen

Antica Trattoria „Ai Tre Visi“
Contrà Porti
I-36100 VICENZA

Acquacotta alla moda antica – Suppengericht mit Steinpilzen
Galletto in crosta – Hähnchen im Pizzateig
Tacchina al melograno – Truthenne mit Granatäpfeln
Crespelle St. Michele – Gefüllte Omeletts St. Michele
Bigoli con l'anatra – Nudeln mit Ente
Coniglio del Patriarca – Kaninchen nach Patriarchenart
Focaccia la „putana“ – Süße Maistorte

Ristorante Pierino
Via XXIV Maggio 36
I-22060 VIGANÒ BRIANZA (Como)

Gamberoni tartufati – Riesenkrevetten mit Trüffeln

Register, italienisch

Acquacotta alla moda antica 64
Agnello spezzato con olive nere 108
Agnello tartufato 108
Agnolotti della casa 76
Armonia dell'Appenino 80

Baccala'in tecia con polentina bianca 94
Bagna Caôda 47
Bigoli con l'anatra 121
Brodetto 92
Brodo 152
Bruschetta di Cascia al tartufo nero 53

Calzoni di Ricotta 60
Cannelloni alla Rigoletto 78
Cannelloni Nannina 54
Cappon magro 47
Capretto alla casalinga 109
Carbonada 110
Cascianella 104
Cavoli rape ripieni con cervella 133
Cervello di vitella Timball 106
Charlotte alla milanese 147
Coconi in insalata 43
Coda alla vaccinara 108
Coniglio con le melanzane 125
Coniglio del patriarca 125
Coppa al mascarpone 144
La coppa Oreste 140
Costata di manzo alla Savini 112
Costoletta 12 Apostoli 101
Costolette alla Milanese 104
Cozze gratinate 46
Crepes con fichi 145

Crêps alla fiorentina 54
Crespelle St. Michele 124
Crostata di ricotta 148
Crostini alla fiorentina 52
Crostini neri 52
Culetto di manzo stufato 110

Datteri fritti nel mele 146
Dolce amore 139
Dolce croccante 141

Fagiano „Mio“ 120
Faraona alle verze 122
Faraona in salsa peverada 122
Fichi al limone 145
Filetti di San Pietro alla Betty 96
Finanziera 106
Focaccia col formaggio 58
Focaccia la putana 146
Fondo bruno 152
Fonduta Valdostana 56
Friccó 109
Frittata di patate 129
Fumetto di pesce 152
Funghi porcini alla parmigiana 132
Funghi ripieni 132

Galletto in crosta 116
Gamberi e carciofi 46
Gamberoni tartufati 43
Garmugia lucchese 66
Gelato di rose 141
Gelato maison 140
Gnocchetti Marc Chagall 81

L'Infarinata 89
Insalata con prosciutto dolce di Langhirano 53
Insalata di animella di vitella, gamberetti di fiume e punte d'asparagi 49
Insalata di animelle e funghi all'aceto balsamico 49
Insalata di mare eoliana 45
Insalata „La Morra“ 56
Involtini di pesce spada 93

Lasagne di farina di castagno 73
Latte dolce fritto 142
Lattughe ripiene 131
Lepre alla Romolo 124
Lombatina di vitello alla nostra moda 102
Lumache fritte 50

Maltagliati con fagioli 72
Mandilli 70
La marmitta di Gioco 137
Medaglioni di capriolo con salsa scura 127
Melanzane al cioccolato 145
Minestra con ortiche 62
Minestre di castagne 61
Mondeghili 112
Mormora al sale 91

Il nostro branzino al cartoccio 93

Orata al piatto 92
Ossobuco alla Milanese 102

Pandolce genovese 149
Pansotti con la salsa di noci 78
Panzerotti con patate e trito di carne 80

Paparelle di Cascia 70
Parmigiana di gobbi (cardi) 131
Pasta di marroni dell'Anna 141
Pasticcio di tortellini 58
Le perle di Giampiero 52
Pesto alla genovese 136
Petti di anitra all'uva passa con insalata di cavolo rosso 120
Petti di pollo alle noci 115
Polenta 90
Pollo alla Massimiliano 115
Pollo in galantina 116

Ravioli ai filetti di sogliola 79
Ribollita zuppa toscana 62
Rigatoni all'Empolese 70
Rigatoni George's 73
Riso alle fragole 83
Riso mantecato 85
Risotto alla birra 87
Risotto alla marinara 86
Risotto alla milanese 84
Risotto con frutti di mare 84
Risotto con le mele 83
Risotto „Mille e una notte" 86
Risotto nero con seppie 85
Rognoncino di vitello sauté ai funghi 105

Salsa alla Bufalina 135
Salsa béchamella 152
Salsa del buongustaio 135
Salsa per risotto al branzino 137
Salsa ragù 136
Sandra brasata 98
Sarde in saor 45
Sbira 66
Scampi alla Carlina 98
Sciancui al pesto 72
Scarola con passi e pinoli 129
Sciacciata di fiori di zucca 60
Seppie in tecia 97
Sfogi in saor 95
Sfogliate di asparagi 50
Sogliola al vino bianco 95
Sorbetto di limone 140
Sovrane di tacchino alla Rolando 118
Spaghetti alla carettiera 75
Spaghetti alla maniera di Cascia 74
Spaghetti alla pescatora 74
Spaghetti all'aragosta 74
Spaghetti in cartoccio 75
Spigola o orata al forno con funghi champignon e olive nere 91
Stoccafisso all'Anconetana 94
Stracotto alla formiana 109
Strangolapreti (gnocchi verdi) 81
Sugo 151

Tacchina alla storiona 117
Tacchina al melograno 117
Tacchinella alla montanara 118
Tagliatelle con cicoria o spinaci in salsa al pomodoro 72
Tagliolini con asparagi 69
Tomaxelle 105
Torta di lamponi alla neve 139
Torta di mandorla 147
Torta di ricotta con crema di mascarpone 148
Torta pasqualina 57
Tortelli della nonna 77
Tortelloni „Romano Felisi" 77
Tortelloni vegetariani al radicchio di Treviso 76
Tortiera alla barese 97
Trancio di trota rosa del lago alla „Bella Stresa" 96
Triglie alla rivierasca 94
Trippa alla milanese 113
Trote al vino rosso 96

Zabaione freddo Guareschi 142
Zuppa alla valdostana 65
Zuppa di magro alla frantoniana 62
Zuppa di trote 65
Zuppa di zucca 61
Zuppa ribollita o minestra di pane 64

Register, deutsch

Äolischer Meerfrüchtesalat 45
Apfelrisotto 83
Apfeltorte nach Mailänder Art 147
Auberginen an Schokoladensauce 145
Auflauf aus Karden 131

Bagna Caôda 47
Bandnudeln nach Art von Cascia 70
Bareser Eintopf 97
Barsch im Tütchen nach Art des Hauses 93
Béchamelsauce 152
Brennesselsuppe 62
Brotscheiben mit schwarzen Trüffeln, geröstete 53

Cascianella 104
Coupe Oreste 140
Crostini, schwarze (Toasts) 52

Datteln in Honig gebacken 146

Eierschaumcreme nach Guareschi, kalte 142
Ente, Nudeln mit 121
Entenbrüstchen mit Rosinen und Rotkohlsalat 120
Erdbeer-Reis 83

Fasan nach Art des Hauses 120
Fastenkapaun 47
Feigen mit Zitronen 145
Feinschmeckersauce 135
Fischfond 152
Fischsuppe nach Elias Rezept 92
Fladen aus Zucchiniblüten, gebackener 60
Fleischbrühe 153
Fleischfond 152
Fleischklößchen, gebackene 112
Fleischsauce zu Teigwaren 136
Florentiner Omeletts 54
Florentiner Toast 52
Forellencremesuppe 65
Forellen in Rotwein geschmort 96
Friccó 109
Fruchtsalat mit Mascarpone 144
Frühlingssuppe 66
Fuhrmanns Spaghetti 75

Gemüsesuppe nach altem Rezept 62
Gemüsesuppe nach Toscanerart 62
Giampieros Perlen 52
Giocos Kalbsfond 137
Goldbrasse mit Meerfrüchten 92
Grüne Nudeln an Tomatensauce 72

Hähnchen im Pizzateig 116
Hähnchen nach Art von Massimiliano 115
Hase nach Art von Romolo 124
Hühnerbrüstchen mit Nüssen 115
Huhn in Gelee 116

Innereien nach Turiner Art 106

Käsefladen, Ligurischer 58
Käsefondue 56
Kalbfleischrouladen nach Genueser Art, gefüllte 105
Kalbsfond, Giocos 137
Kalbshaxen nach Mailänder Art 102
Kalbshirn Timball 106
Kalbskotelett 12 Apostoli 101
Kalbslendchen mit grünem Spargel 102
Kalbsnierchen mit Pilzen 105
Kaninchen mit Auberginen 125
Kaninchen nach Patriarchenart 125
Karolien mit Rosinen und Pinienkernen 129
Kartoffelpfanne 129
Kastaniencreme nach Annas Rezept 141
Kastaniensuppe 61
Klößchen Marc Chagall 81
Kohlrabi, mit Hirn gefüllte 133
Kotelett nach Mailänder Art 104
Krebse und Artischocken 46
Kürbissuppe 61
Kutteln nach Mailänder Art 113
Kuttelsuppe mit Kichererbsen 66

Lammkeule parfümiert mit Trüffeln 108
Lammragout mit schwarzen Oliven 108
Lasagne aus Kastanienmehl 73
Lattich, gefüllter 131
Ligurischer Käsefladen 58

Mailänder Risotto 84
Maisgericht mit weißen Bohnen 89
Maistorte, süße 146
Mandelkrokant 141
Mandeltorte 147
Mantecato-Reis 85
Marc Chagall, Klößchen 81
Marmorbrasse im Salz 91
Meerbarben nach Riviera-Art, rote 94
Meerfrüchtesalat, äolischer 45
Miesmuscheln, gratinierte 46

Milch, süße gebratene 142
Muscheln, Vorbereitung von 153

Nudelflecken, hausgemachte 70
Nudeln mit Ente 121
Nudeln mit Spargel 69

Ochsenschwanzragout 108
Omeletts, Florentiner 54
Omeletts nach Art von Nannina 54
Omeletts St. Michele, gefüllte 124
Ostertorte 57

Panettone Genueser Art 149
Pastateig 151
Perlhuhn an Pfeffersauce 122
Perlhuhn mit Wirsing 122
Pesto-Sauce, Genoveser 136
Pfannkuchen mit frischen Feigen gefüllt 145
Pilze, gefüllte überbackene 132
Polenta (Maisbrei) 90

Quarktorte, überbackene 148

Ravioli als „Harmonie des Appenins“ 80
Ravioli mit Seezungenfilets 79
Rehmedaillons an dunkler Sauce 127
Ricottatorte mit Mascarponecreme 148
Riesenkrevetten mit Trüffel 43
Riesenravioli mit Füllung aus Kalbfleisch und Kartoffeln 80
Riesentortellini mit Nuß-Sauce 78
Rigatoni nach Art von George's 73
Rigatoni nach Empoleser Art 70
Rindfleisch in Wein geschmort 110
Rindskeule, in Rotwein geschmorte 110
Risotto mit Bier 87
Risotto mit Meerfrüchten 84
Risotto mit Tintenfischen, schwarzer 85
Risotto nach Matrosenart 86
Risotto „Tausendundeine Nacht“ 86
Roastbeef nach Savini-Art 112
„Romano Felisi“, gefüllte Teigtäschchen 77
Roseneis 141

St. Petersfilets nach Bettys Rezept 96
Salat aus frischen Pfifferlingen 43
Salat aus Kalbsbries, Flußkrebsen und Spargelspitzen 49
Salat aus Kalbsbries und Pilzen an Balsamessig 49
Salat „La Morra“ 56
Salat mit Langhirano-Schinken 53
Sardinen süß-sauer 45
Scampi nach Carlina-Art 98
Schmorbraten nach Formia-Art 109
Schnecken in Öl gebacken 50
Schneetorte 139
Schwertfisch-Rouladen, grillierte 93
Seebarsch oder Goldbrasse im Ofen geschmort, mit Champignons und schwarzen Oliven 91
Seebarschsauce zu Risotto 137
Seeforellen „Bella Stresa“, rosarote 96
Seezunge in Weißwein 95
Seezungen, süß-saure 95
Spaghetti in der Tüte 75
Spaghetti mit Langusten 74
Spaghetti nach Art von Cascia 74
Spaghetti nach Fischerinnenart 74
Spargel zwischen Blätterteigböden 50
Spinatklößchen 81
Steinpilze mit Parmesan 132
Stockfisch in der Tonform mit weißer Polenta 94
Stockfisch nach Ancona-Art 94
„Süße gebratene Milch“ 142
Süße Liebe 139
Suppe, aufgekochte oder Brotsuppe 64
Suppe nach Art des Aostatals 65
Suppengericht mit Steinpilzen 64

Teigrollen Rigoletto, gefüllte 78
Teigtäschchen, gefüllte „Romano Felisi“ 77
Teigtäschchen nach Art des Hauses 76
Teigtäschchen nach Großmutterart 77
Teigtaschen mit Ricotta gefüllt, fritierte 60
Teigwaren mit Pesto-Sauce 72
Teigwaren mit weißen Bohnen 72
Tintenfische im Töpfchen 97
Toast, Florentiner 52
Tomaten-Käsesauce, pikante 135
Tomatensauce 151
Tortellini-Pastete 58
Tortelloni mit Zichorie aus Treviso, vegetarische 76
Truthahn nach Berglerart 118
Truthahn nach Rolandos Rezept, vortrefflicher 118
Truthenne mit Gelee, kalte 117
Truthenne mit Granatäpfeln 117

Vanille-Eis mit Honig, hausgemachtes 140

Zander, geschmorter 98
Ziegenlamm nach Hausfrauenart 109
Zitronensorbet 140